Das kleine Buch

...für die Frau mit Herz und Charme

Mit Bildern von
Cornelia von Seidlein

Wilhelm Heyne Verlag
München

Copyright © 1994
by Wilhelm Heyne Verlag GmbH & Co. KG, München
Umschlaggestaltung: Christian Diener
Gedruckt auf chlorfrei geglättetem Werkdruck
Gesetzt in der 10 auf 12 Punkt Plantin
Satz: Kort Satz GmbH, München
Druck und Bindung: RMO, München
Printed in Germany

ISBN 3-453-08045-9

Inhalt

BENITO MUSSOLINI
Warnung an die moderne Frau 8

WOLF UECKER
Grace Kelly – die kühle Artischocke 16

BERND FRITZ
Die klassische Anmache 28

DOROTHY PARKER
Der Lohn für die Lady 61

E. W. HEINE
Die Maharani 62

KURT TUCHOLSKY
Sehnsucht nach der Sehnsucht 75

PETER ALTENBERG
Don Juan 77

BERNHARD LASSAHN
Rolltreppenfahren 79

NATALIE BABBITT
Eine überaus hübsche Dame 83

ROBERT GERNHARDT
Geständnis 90

ELFRIEDE HAMMERL
Die wahre Liebe 91

FRANZISKA ZU REVENTLOW
Eine irdische Frau 95

STEFAN ZWEIG
Vergessene Träume 102

MASCHA KALÉKO
Qualverwandtschaft 115

JOSEPH ROTH
Reise mit einer schönen Frau 116

CARL DJERASSI
Noblesse Oblige 121

CHARLES SCHUMANN
Damen-Drinks 137

Quellennachweis 142

Die Schönheit brauchen wir Frauen, damit die Männer uns lieben, die Dummheit, damit wir die Männer lieben.

Coco Chanel

Benito Mussolini

Warnung an die moderne Frau

Wir haben die Schönheitskonkurrenzen in Italien abgeschafft. Der physische Reiz einer Frau ist ein zu heiliges Symbol ihrer weiblichen Tugend und ihrer Gefühlswelt, als daß man ihn öffentlich zur Schau stellen dürfte. Sie ist keine Bronzeware, die man schamlos gleisnerischer Bewunderung preisgibt. Die Sklavinnen im Orient, die auf dem Markt ausgestellt wurden, suchten sich voll Scham zu verhüllen; aber die »Schönheits-Königinnen und -Prinzessinnen« geben die Schamröte der Weiblichkeit für kaltes Anstarren ihrer Erscheinung hin. Weibliche Bescheidenheit erhöht weiblichen Charme; die Schamlosigkeit ist eine Lästerung wahrer Schönheit.

Die neue Mode der »Schönheitsköniginnen« hat nichts mit volkstümlichen Bräuchen gemein. Es existiert kein innerer Zusammenhang zwischen einer Schönheitskonkurrenz und dem Mai- und Junifest, das es in allen Ländern gibt und das in religiöser Naturverbundenheit seinen Ursprung hat. Man vergleiche nur die liebliche Frische junger Mädchen in weißen Kleidern bei den traditionellen Frühlings- und Sommerfesten mit den organisierten Veranstaltungen professioneller Unternehmer in Sommerfrischen und Badeorten. Von der »Schönheitskönigin« zur »Maikönigin« ist ein weiter Weg.

Denn bei jedem Volk gibt es traditionelle Feste mit vorgeschriebenen Bräuchen seit Generationen, die der Willkommensfreude bei Frühlingsbeginn, ländlicher Lust am Knospen und Blühen der Blumen oder der Dankbarkeit für die Freude entspringen. Diese Feste sind alle mehr oder weniger die Krönung der Arbeit und der Ausdruck der Freude darüber, daß harte Mühe den Menschen ein Auskommen geschaffen hat. Wir ermutigen diese allgemeinen volkstümlichen Kundgebungen, weil sie die Grundlage zu geistiger Anregung und den Aufruf zu edleren Freuden darstellen. »Schönheitskonkurrenzen« jedoch beleidigen den gesunden ästhetischen Sinn. Sie wirken in genau entgegengesetzter Richtung.

Ist diese Tendenz, die frauliche Keuschheit zu unterdrücken, das Resultat der neuerrungenen Freiheit? Wir haben zahllose Abweichungen vom gewohnten Weg feststellen können, seit sich die Frau der Industrie, den verschiedenen Berufen und der Politik zugewandt hat. Kurzes Haar kommt und geht, und so manche von den weiblichen Moden soll den Mann nachahmen. Sie raucht und trinkt. Keine dieser neuen Errungenschaften tut ihrer Weiblichkeit Abbruch, wenn sie mit Maß und Geschmack angewandt wird, aber sobald eine Frau die Grenzen der Anmut und des Anstands, die ihr gezogen sind, überschreitet, sollte sie sich selbst ein Halt zurufen.

Der übertriebene Drang nach Magerkeit und schlanker Linie ist unbedingt verderblich. Es ist die leidenschaftliche Sucht im Herzen der Frau, den

Modeblättern nachzueifern. Es entspricht nicht einmal dem gesunden, normalen männlichen Geschmack, der ganz instinktiv in den weichen Formen des Frauenkörpers die natürliche Ergänzung der eigenen muskulösen sucht. Ich kenne viele Fälle, in denen die Gesundheit unter dieser Schlankheitssucht gelitten hat. Die widernatürliche, künstliche Wirkung schadet dem Körper.

Gewaltsame Diätkuren, übertriebene gymnastische Übung, Medikamente – das alles kann nicht den normalen, gesunden, fülligen Zustand der Frau herbeiführen. Die Natur hat ein heiliges Vertrauen in sie gesetzt, das ihr die Glorie der Verehrungswürdigkeit verleiht. Die Rastlosigkeit des modernen Lebens erhöht noch den Verbrauch ihrer Kräfte und Nerven. Wenn sie des Soldaten von heute würdig sein will, muß sie daher mit ihren wahren und natürlichen physischen Kräften haushalten und sich nicht zum Sklaven ihres Schneiders machen. Im Grunde ihres Wesens ist die moderne Frau nämlich noch gerade so weiblich wie ihre Vorgängerinnen. Im letzten Vierteljahrhundert hat sie sich auf ungeahnte Weise über ihre Grenzen gewagt. Niemand kann gegen den Fortschritt etwas einwenden, insofern er gesund und notwendig ist. Aber wird diese Freiheit, dieser Vorstoß nicht auch hie und da Abwege mit sich bringen, die natürliche Folge des kühnen Schrittes in ein Gebiet, mit dessen Entdeckung die Frau eben erst begonnen hat? Sie fängt gerade an, sich über die neue Freiheit, die zwar schon eine Generation alt ist, den Kopf zu zerbrechen. Sie probiert dieses und jenes, um erst einmal herauszufinden, wo sie steht und wie weit sie gehen darf.

Nach ruhiger und eingehender Betrachtung der Übelstände, die der Industrialismus für die Frau mit sich gebracht hat, kann ich die Mitarbeit der Frauen in Industriebetrieben nur lebhaft beklagen. Ein Unwille ohnegleichen ergreift mich, wenn ich eine Fabrik betrete und die mitleidslosen Maschinen sehe, die unseren Mädchen und jungen Frauen das Lebensblut aus den Adern saugen. Ihr müdes, abgehärmtes Aussehen ohne jede Spur von Jugendfrische spricht in nicht mißzuverstehenden Worten von dem Bösen, das ihnen angetan wurde.

Soll diese neue Errungenschaft, daß die Frau Seite an Seite mit dem Mann arbeitet, das Gespenst zerstörten Frauentums heraufbeschwören? Die Gesundheit unserer Frauen ist ein zu wertvolles, kostbares Gut für die Zukunft unserer Rasse, als daß man sie in schlechter, von Riesenmaschinen verbrauchter Fabrikluft vergeuden lassen dürfte. Ich kann ohne Übertreibung behaupten, daß ein Übermaß an Industrialismus von diesem Standpunkt aus als Verbrechen gegen die Humanität angesehen werden muß.

Für die Frau gibt es bei den ständig wachsenden Schwierigkeiten des modernen Lebens in der Tat ein bestimmtes Arbeitsgebiet. Für die Erziehung, für soziale und hygienische Einrichtungen bringt sie ihre besondere Eignung mit, die ihr niemand streitig machen kann. In dem Maße, als sich bei der gegenwärtigen Sozialisierung Haus und Heim über seine vier Wände hinausdehnt, als der Staat in die Erziehung des Kindes eingreift, kann auch die Frau — sofern sie von Haus- und Familienpflichten frei ist — hervortreten und an dem großen Werk der Kinder- und Jugenderziehung des Landes teilnehmen.

Die tätige Sorge des Staates von heute erstreckt sich auch auf die Gesundheit und das Spiel der Kinder. Die Nation, die sich nicht mit aufmerksamer Fürsorge um das ordentliche Wachstum und die Entwicklung seiner zukünftigen Bürger kümmert, entzieht sich der wichtigsten Verantwortung des Staatswesens. Speziell bei dieser Arbeit ist die Hilfe der Frauen von großer Bedeutung. Es ist ausgesprochen ihr Tätigkeitsfeld, und die Organisationen der Fascistenfrauen sind auf diesem Gebiet schon zu bewunderungswürdigen Resultaten gelangt.

In verschiedenen Berufen sind die Leistungen der Frau schon anerkannt. Doch können ihre Talente nur begrenzt verwertet werden; denn es hat sich erwiesen, daß sie nicht für jeden Beruf geeignet ist. Im juristischen Fach ist sie gehemmt, denn das ist Mannessache. Portia ist mehr ein Produkt der Shakespeareschen Phantasie als der Lebenserfahrung. In der Medizin kann sie Erfolg haben, denn das bringt sie ihrer ureigensten Veranlagung näher, Schmerzen zu lindern und Hilfe zu reichen. Auch auf pädagogischem Gebiet ist sie willkommen, besonders bei Knaben und Mädchen in jugendlicherem Alter. In späteren Jahren erfordert jedoch die Entwicklung des

Kindes den härteren, festeren Ton des männlichen Intellekts. Ich sah mich erst kürzlich gezwungen, die Zahl der zulässigen Lehrposten für Frauen an den höheren Schulen einzuschränken und auch die Studiengebiete für Frauen zu begrenzen. Wir haben festgestellt, daß durch die vielen weiblichen Lehrkräfte an höheren Anstalten eine sozusagen saft- und kraftlose Atmosphäre aufzukommen drohte.

Die höchste Mission der Frau ist und bleibt die häusliche. Es gibt tatsächlich wenig Frauen, die ihr angeborenes Verlangen nach Familie und die größte und vornehmste Pflicht ihres Geschlechts verleugnen. Die Scheu vor der Bürde des Familienlebens ist zum großen Teil nichts anderes als Selbstsucht und Feigheit der Männer, die sich drücken wollen. Wie viele Frauen grämen sich und welken in verzweifelter Einsamkeit dahin, weil sie sich vergeblich nach der Erfüllung ihrer Aufgabe als Frau und Mutter sehnen? Ich betrachte den Mann, der vor der Verantwortung zurückschreckt, sich ein Weib zu nehmen und eine Familie zu gründen, als Deserteur unter den getreuen Bürgern. Wir besteuern diese Hagestolze, aber das ist nur ein schwacher Versuch, ihre Pflichtversäumnis zu bestrafen. Unsere neuesten Regierungsmaßnahmen begünstigen den verheirateten Mann mit großer Familie ganz besonders.

Wir verehren und würdigen die Frau, wenn sie Trägerin der richtigen und wahren Mission ist. Die kommende Generation zu erziehen, Ideale von Recht und Patriotismus in die Seelen der Kinder zu pflanzen,

der Nation zu dienen, daß sie besser und stärker körperlich und geistig werde − das soll das Werk der Frau sein. Wenn man sie in anmutiger Jungfräulichkeit und mütterlicher Würde sieht, kann man nicht dulden, daß sie durch die Straßen als »Schönheitskönigin« geschleift wird, um in einem neugierigen Publikum Lüste zu erregen, das höherer Gefühle, wie sie die edlen Attribute der Frau auslösen sollten, nicht fähig ist.

Grace Kelly – die kühle Artischocke

Ein Reporter von »Time« hat Grace Kelly einmal gefragt, wo sie ihre Karriere begonnen hätte. Die Antwort war kurz und prägnant: »Oben!«

Erstaunlich für die Tochter eines Maurers? Eigentlich nicht, denn als Grace geboren wurde, hatte der Maurer John Kelly, Sohn irischer Einwanderer, in Philadelphia seine mageren Jahre bereits hinter und noch viele fette vor sich. Er war vom Maurer zum Bauunternehmer avanciert, hatte zwei Kinder, war glücklich verheiratet mit Margret Mejer, deren Vorfahren aus Heppenheim an der Bergstraße stammten, und sein Geschäft florierte. Mit der gesellschaftlichen Anerkennung haperte es freilich noch immer. Hatte es auch schon, als er 1920 als amerikanischer Nationalmeister im Rudern nicht zur exklusiven englischen Henley-Regatta zugelassen wurde. Begründung: ein Maurer sei nun mal kein Gentleman. Daß er zwei Monate später olympisches Gold gewann, tröstete ihn nur mäßig.

»Be a winner!« war sein Wahlspruch, den er auch an seine Kinder weitergab. Zwischen den robusteren Geschwistern war Grace von Anfang an eine »Prinzessin auf der Erbse«, die häufig kränkelte und mit Steaks und Vitamintabletten aufgepäppelt wurde. Statt Leistungssport stand bei ihr Ballettunterricht auf dem Freizeitprogramm. Ansonsten war sie das vorbildliche amerikanische College-Girl: Sie preßte Blumen, erweckte in ihren Tanzstundenpartnern den Beschützerinstinkt und konnte gut zuhören.

Nach Abschluß der Klosterschule – die Kellys waren streng katholisch – durfte die 18jährige die American Academy of Dramatic Arts in New York besuchen, jene berühmte Schauspielschule, aus der auch Spencer Tracy und Robert Redford hervorgegangen sind. »Königliches Schreiten« zu üben, machte ihr nicht viel Mühe, Schwierigkeiten gab es dagegen mit der Stimmausbildung. Grace verfiel immer wieder in den wohltemperierten, monotonen Tonfall, den man im Small talk kultivierter amerikanischer Kreise pflegte, ihrer gleichförmigen Zwitscherstimme waren Höhen und Tiefen ebenso fremd wie starke Gefühlsausbrüche oder auch nur annähernd Erotisches.

Als Schauspielschülerin wurde sie einmal in den Zoo geschickt, um ein Lama zu studieren. »Ich habe nie verstanden, warum ein Schauspieler ein Lama nachmachen muß, denn es gibt auf der ganzen Welt kein Theaterstück, in dem ein Lama vorkommt«, erzählte sie viel später, als sie schon Fürstin Gracia Patricia hieß. Erste Publicity-Erfolge hatte sie während ihrer Ausbildung – als Fotomodell. Kaum liefen die Werbespots für Kosmetika und Staubsauger im Fernsehen, schon gab man ihr den Beinamen »Miss Frigidaire« oder »Miss Sauberes Amerika«.

Für ihre Bühnenlaufbahn studierte sie mit enormem Fleiß 38 verschiedene Rollen ein. Der Erfolg in Besetzungsbüros und bei Agenten war kümmerlich. Im

Swinging New York der beginnenden fünfziger Jahre waren vollbusige, hüftschwingende, platinblonde oder rabenschwarze Sexbomben gefragt. Die bläßliche Millionärstochter, die sich da in Wollrock und Pullover, flachen Schuhen und weißen Handschuhen präsentierte, stieß regelmäßig auf höfliches Bedauern: zu groß, zu dünn, zu schüchtern, zu flachbrüstig.

Immerhin verdankte sie gerade diesen Attributen, daß sie schließlich ihre erste Rolle in dem Strindberg-Stück »Der Vater« bekam. Ein durchschlagender Erfolg war es nicht gerade; aber der Anfang war gemacht. Grace zog aus den klösterlichen Mauern einer Damenpension in ein Zweizimmer-Appartement, und schon bald wurde ihr wohlgefüllter Kühlschrank Mittelpunkt eines Künstlertreffs. Sie machte zu dieser Zeit den Eindruck eines Menschen, der niemals irgend etwas je gegessen hätte.

1951 bekam sie ihre erste Filmrolle in »Vierzehn Stunden«, dann folgten rasch hintereinander all jene Filme, die aus der langstieligen Teerose aus Philadelphia den berühmten Hollywoodstar machten: 1952 ihr Durchbruch mit Gary Cooper in »Zwölf Uhr mittags«, oder »Mogambo« – mit dem graumelierten Clark Gable als Großwildjäger und der feurigen Ava Gardner als Gegenspielerin. Grace behauptete sich auch in diesem Film, obwohl sie laut Drehbuch meist nur dastehen und lieb und treu in den Urwald schauen mußte.

Bei einem exklusiven Dinner im Country Club von Philadelphia erreichte sie zwischen Suppe und Fisch die Nachricht, daß Hitchcock ihr für seinen Film »Bei Anruf Mord« die Hauptrolle zugedacht habe. Hitchcock hatte gut gewählt, der Film wurde ein Erfolg. Unter seiner Regie folgte nun der Thriller »Das Fenster zum Hof«, in dem sie neben James Stewart genau den Typ verkörperte, der sie war: das elegante Karrieremädchen. Das brachte ihr zwar eine Titelseite in »Life« ein, die normalerweise Präsidenten und Politikern vorbehalten war, aber die Klatschreporter, die zur Berühmtheit eines Stars Entscheidendes beitragen, fanden nichts Berichtenswertes: keine Liaison, keine Schlafzimmergeheimnisse, keine Bonmots, keine modischen Extravaganzen. Nach wie vor bestand ihre Alltagsuniform aus weißen Handschuhen, Rock, Bluse und flachen Schuhen.

Nie hat es in Hollywood eine weniger typische Karriere gegeben. Als sie 1955 den Oscar für »Das Mädchen vom Lande« bekam, schrieb ein Kritiker: »Was hat sie eigentlich außer Fleiß, untadeliger Schönheit und dem Selbstbewußtsein, das ihr die väterlichen Millionen verleihen, zu bieten?« Dennoch, eine ganze Generation junger Mädchen in aller Welt hatte sie zu ihrem Idol erkoren.

Bei den Dreharbeiten zum Film »Über den Dächern von Nizza« mit Cary Grant besichtigte Grace Kelly ganz begeistert, und ohne es zu wissen, ihre spätere Heimat, das Fürstentum Monaco. Endlich lieferte sie nun auch den Reportern einen ständigen Begleiter – den Modeschöpfer Oleg Cassini. Ein Mann von Stil und Lebensart, aus gutem europäischen Diplomatenstall, ein Kenner der französischen Küche und der Côte d'Azur. Er begleitet die Dollarprinzessin durch Bars und Gourmetrestaurants und hält Händchen. Grace erliegt dem Zauber von Farbe, Duft und Romantik der blauen Küste. Lernt Dinge kennen, von denen sie sich in Philadelphia nichts träumen ließ: »Tulipe de Turbot à l'huile de noix« oder »Rouget et le Millefeuille de Fenouil« (Tulpe vom Steinbutt mit Nußöl oder Rotbarsch in Fenchel-Blätterteig) werden ihr geläufige Begriffe. So interessant Cassini für sie als Liebhaber und Fischkenner auch war, als Ehemann kam der zweimal geschiedene Nichtkatholik für die »Lady im rostfreien Stahlkorsett« nicht in Frage. Die Nornen hatten bereits die ersten Fäden in Gracias Glücksteppich geflochten, und das Muster wurde langsam deutlicher.

Die Zeitschrift »Paris Match« hatte für sie eine Foto-Story im Grimaldi-Palast in Monaco inszeniert. Sie stand unter dem Motto: »Filmprinzessin trifft echten Fürsten«. Der freilich, damals noch mit der Schauspielerin Gisèle Pascal liiert, hatte keine Zeit und ließ die amerikanische Leinwand-Lady mit 30 Fotografen allein durchs Palais wandeln.

Da die katholische Kirche keines ihrer prominenten Schäfchen im Stich läßt, betritt jetzt Pater Francis Tucker, der Beichtvater des Fürsten Rainier, die Szene. Zunächst schreibt er Grace einen netten Brief, dann reist er in die USA und kommt mit Papa Kelly zur Sache. Auch mit dem Fürsten muß er ein ernstes Wort gesprochen haben, denn Rainier III., der kurz

21

darauf zufällig in den USA zu tun hatte, hat im Reisegepäck einen mit Rubinen und Brillanten besetzten Verlobungsring. Alles läuft nach Tuckers Plan. Beim Verlobungsball im Festsaal des Waldorf Astoria in New York sind die »Oberen Zehntausend« vollständig versammelt. Auch die Monegassen jubeln. Versprach doch die Aussicht auf fürstlichen Nachwuchs Befreiung von Steuern und Wehrpflicht für weitere sorglose Jahre – die Gefahr der Rückkehr in den französischen Staatsverband rückte in weite Ferne. Nach der Hochzeit mit dem Hollywood-Star würden für Monaco goldene Tage des Tourismus anbrechen.

Schnell drehte Gracy Kelly noch ihren letzten Film mit dem prophetischen Titel »Die Oberen Zehntausend«, bevor 1956 die Traumhochzeit mit kleinen Hindernissen Wirklichkeit wurde. Der Protokollchef erlitt in der letzten Minute einen Herzinfarkt, einer Brautjungfer wurde Schmuck im Wert von DM 200000,– gestohlen, beim Galadiner wurde ein Kellner als Journalist entlarvt und von Detektiven aus dem Saal gezerrt, die Frau des Millionärs Arpad Plesch fiel in Ohnmacht, weil ihr eine Bedienung einen heißen Hummer in den Schoß gekippt hatte. Bei der kirchlichen Zeremonie ließ der Meßdiener die Trauringe fallen, und als sie sich nach längerer Suche wiederfanden, stellte sich heraus, daß der für Fürst Rainier bestimmte zu eng war und nicht über den Finger paßte. Zwei Herren in Soutane wurden vom Altar weg von der Polizei abgeführt – es waren Taschendiebe. Die Hauptdarsteller dieses Spektakels,

das so in keinem Drehbuch durchgegangen wäre,
flüchteten schließlich im Rolls-Royce...

Fürstin Gracia Patricia von Monaco, wie sie nun
hieß, mußte sich mühsam in ihre neue Rolle einleben.
Das »amerikanische Maurermädchen« stieß bei Hof
auf Mißtrauen und Ablehnung. Wie konnte jemand
eine monegassische Fürstin sein, der sich Dinge wie
diese aus der überseeischen Heimat schicken ließ:
Deospray, Pillen gegen allerlei Wehwechen, künstliche Blumen, ein Waffeleisen (!) und etwas so Uner-
hörtes wie Gemüsekonserven! Gibt es nicht genug fri-
sches Fleisch, Fische, Gemüse, Kräuter, Obst und
Käse auf unseren heimischen Märkten? murrten die
Monegassen. Was soll das hygienisch-sterile Zeug aus

den USA? Solche Vorwürfe mochte die Public-Relations-geschulte Landesmutter nicht auf sich sitzen lassen. Und so begann die Fürstin mit dem ihr eigenen Perfektionismus, sich mit den Produkten ihrer neuen Heimat zu beschäftigen. Sie ging zweimal wöchentlich zum Markt und inspizierte das reichhaltige Gemüseangebot. Daß die einzigen Früchte, die sie zu einer eigenen Rezeptur anregten, Artischocken waren, wen kann das wundern?

Artischocken sind schon äußerlich ein »gepflegtes Erzeugnis« der Natur. Ihr Design ist vollendet. Ohne das Make-up einer Vinaigrette schmecken diese Blütenknospen einer Distelart eher langweilig. Und – was das Herz von Grace gewonnen haben mag – sie fehlen bei keinem Buffet der großen Gesellschaft, und sei es auch nur als Dekoration. Vielleicht hat auch die sprichwörtliche Kalorienarmut der Artischocke die Fürstin bewogen, 40 dieser Edeldisteln zu ordern und aufs Schloß schicken zu lassen. Die Quengeleien der Monegassen waren damit erledigt; selbstverständlich hatten die Zeitungen und Radio Monte Carlo davon berichtet, daß die Fürstin höchst eigenhändig auf dem Markt eingekauft hatte.

Und da die Lektüre von Schlankheitsdiäten zur regelmäßigen Freizeitbeschäftigung der Fürstin gehörte, lag es nahe, daß sie mit den Artischocken eine neue Diätform entwickelte. Ob sie dabei auch Ansätze eines fürstlichen Embonpoints im Sinn hatte, blieb ungesagt. Bald beschäftigte sich Gracia, inzwischen Mutter geworden, auch mit den Finessen der französischen Küche; schließlich stand sie jetzt einem großen und repräsentativen Haushalt vor. Auch diese Herausforderung bewältigte sie mit dem väterlichen Wahlspruch »Be a winner«. Mit jedem typischen Regionalgericht, das sie bei offiziellen Anlässen servieren ließ, gewann sie die Herzen ihrer neuen Landsleute zum zweiten Mal. Auch die heranwachsenden Kinder zogen die deftigen traditionellen Gerichte den Mahlzeiten aus US-Konserven vor. Die gesunden, athletischen Figuren von Caroline, Albert und Stephanie sprechen für sich selbst. So was kommt nicht von Corned beef in Dosen.

Da es in der Hofküche eine professionelle Küchenbrigade gab, durfte die Fürstin nicht persönlich an den Herd. Sie bestellte also ihre Lieblingsgerichte, die wenigstens einmal im Monat auf dem Speiseplan erscheinen mußten, beim Küchenchef. Dazu gehörten vor allem zwei französische Speisen, die man, im Gegensatz zu ihrer Artischocken-Vorliebe, nicht gerade als kalorienarm bezeichnen kann: »Bœuf à la Mode« und »Côtes de veau à l'Ardennaise« (geschmortes Kalbskotelett in Schinken-Petersilien-Sauce).

Das hinterließ seine Spuren auch an der Figur der Landesmutter. Allein die Zutaten zum Rinderschmorbraten umfassen 18 Positionen, bei denen Butter, Speck, Burgunder und Cognac eine erhebliche Rolle spielen. Offensichtlich wogen bei kulinarischen Genüssen die Bedenken der Fürstin weniger schwer als die der Filmschauspielerin Grace Kelly.

1982 starb sie unter tragischen Umständen. Ihre Tochter Stephanie saß am Steuer des Sportwagens, als das Fahrzeug mit hoher Geschwindigkeit aus einer Kurve getragen wurde und sich mehrfach überschlug. Nur Stephanie überlebte.

Die echte *Fürstin-Gracia-Patricia-Artischocken-Diät* verlangt folgende Formen der Kasteiung:

Der Tag beginnt mit zwei Tassen ungesüßtem Kräutertee. Sonst nichts.

Zum Mittagessen werden drei Artischocken in leicht gesalzenem kalten Wasser aufgesetzt, das mit einer Schalotte und einer zerschnittenen Zitrone gewürzt wird. Zwei der Edeldisteln bilden das Mittagsmahl. Die warmen Artischocken werden mit einer Sauce serviert, die aus 2 Teelöffeln Provence-Öl extra vièrge, einer Messerspitze Salz und einer Umdrehung weißen Pfeffers aus der Mühle besteht.

Die dritte Artischocke wird für das Abendessen kaltgestellt. Dazu gibt es dann eine leichte Vinaigrette, angerührt aus Magerquark, zwei Spritzern

Tabasco und einem Tropfen Pernod, das Ganze vorsichtig gesalzen.

Jeder Diät-Tag bringt ungefähr ein halbes Kilo Gewichtsverlust, falls zwischen den Mahlzeiten und am Abend nicht mehr als zwei Gläser Wein genossen werden.

Eine gescheite Frau hat Millionen Feinde: alle dummen Männer.

Golda Meir

BERND FRITZ

Die klassische Anmache

Was Dichtern alles einfiel,
wenn eine Dame über den Weg lief

Es ist verkaufsoffener Donnerstag, die Stadt voller
Menschen, im Herzen noch Platz, da führt sie der
Passantenstrom vorüber: hoch gewachsen, schlank,
leicht und edlen Ganges. Sie sieht her, in ihrem Blick
keimt der Orkan, alles liegt darin, die Süße, die be-
tört, die Lust, die tötet; das Auge trinkt aus ihrem
Auge. Gleich wird der Strom sie mit sich fortgenom-
men haben, die Frau des Jahrtausends – ein König-
reich für einen Einfall, aber es kommt keiner, der
goldene Spruch bleibt stecken, und unsereinem geht
es nicht anders als dem wortmächtigen Baudelaire,
der der »flüchtigen Schönheit« nur ein stummes »O
du, die ich geliebt hätte, o du, die es wußte!« hinter-
herjammerte und darüber haderte, daß er keine Ahnung habe, »wohin du enteilst«, sowenig wie sie den
Weg kenne, »den ich gehe«. Wobei letzteres noch ver-
hältnismäßig leicht zu erraten gewesen wäre: Wohin
wird er schon gegangen sein, der Dichter? Auf seine
hohe Kammer natürlich, ein entsagungsvolles Sonett
zu dichten: »An eine Passantin«.

Nun sind, wie wir von einer Frau wissen, Eloquenz
und Geistesgegenwart ohnehin des Lyrikers Sache
nicht, im Gegenteil. »Sprachlos steht er im Kreise der
flinken Sprecher«, berichtet Gertrud von Le Fort,

»nicht anbefehlbar ist seine Stimme, nicht untertänig
der Weisung der Welt, der kleinen des Tages, auch
nicht der hohen der Liebe, auch nicht der sehnenden
des eigenen Verlangens.« Ja, wenn das so ist! Dann
werden wir die Lyriker als galante Gewährsleute wohl
beiseite lassen können; desgleichen die Dramatiker.
Oder was ist von einer Gattung zu erwarten, die es
einem ihrer prominentesten Vertreter erlaubt, auf
einem Ausflug ins Novellistische seinen Helden aller
Mühe des Werbens um das Interesse der Begehrten zu

entheben und ihn der Marquise von O. aus schierer Denkfaulheit und unter Mißbrauch des Gastrechts schlankweg im Schlaf beiwohnen zu lassen?

Dem französischen Dichter immerhin ist zugute zu halten, daß die besungene Begegnung unter die anspruchsvollste Kategorie des geschlechterlichen Anbändelwesens fällt: die elementare Situation des ersten Wahrnehmens bei gegenseitiger Unbekanntheit, bemessener Zeit und ohne ein vermittelndes Drittes. Noch Landsmann Breton malte sich »die unglaublichen Schwierigkeiten eines Mannes aus, der eine Frau kennenlernen möchte, von der er sich, nach der Art, wie sie auf der Straße vorbeiging, etwas versprach« – kurz und gut: Hier sind die Epiker gefordert, die Erzähler, die Geschichtenausdenker, die Romanciers. Wenn nicht gar der Meister aller Gattungen, der Dichterfürst selber, der für den Helden seines bedeutendsten Werks selbstverständlich den schwierigsten, den Königsweg der Anmache wählte: »Straße. Faust. Margarete vorübergehend.« Und uns, um es vorweg zu sagen, eine ziemliche Enttäuschung bereitet: »Mein schönes Fräulein, darf ich wagen, / Meinen Arm und Geleit Ihr anzutragen?« Auch der halsstarrigste Goethe-Verehrer wird einräumen müssen, daß dieser Spruch nicht das ist, was man gemeinhin »das Gelbe« nennt. Sondern uns eher lehrt, wie es nicht geht, und dem daher die Abfuhr auf dem Fuße folgt: »Bin weder Fräulein weder schön, / Kann ungeleitet nach Hause gehn.« Eine Abfuhr, die um so verdienter ist, als hier – neben der seit je wenig

empfehlenswerten Beschützer- und Helfermasche —
noch zwei methodische Grundfehler anzustreichen
sind; ein grober und ein schlimmer. Der grobe: Obwohl Zeitgenosse Musäus im Märchen von der Köni-
gin Libussa den Hinweis veröffentlicht hatte, »einer
Geliebten ohne vorgängige Unterhandlung mit den
Augen und ihren bedeutsamen Blicken eine münd-
liche Erklärung abzufordern, ist immer ein mißliches
Unternehmen«, wird hier die Frau von der Seite ange-
quatscht. Der schlimme geht aus der Bühnenanwei-
sung hervor: »Sie macht sich los und ab.« Er hat sie
also auch gleich angefaßt! Iih! Da paßt es denn ins
plumpe Bild, den Teufel um Hilfe zu bitten und die
Niederlage mit Prahlerei zu kompensieren: »Hätt ich
nur sieben Stunden Ruh, / Brauchte den Teufel nicht
dazu, / So ein Geschöpfchen zu verführen.« Mephistopheles darauf: »Ihr sprecht schon fast wie ein
Franzos.«

Wie der Franzos' spricht, dazu — trotz des teuflisch
guten Überleitungsangebots — später mehr. Vor dem
ersten Blick in »manche welsche Geschicht« soll der
große Frankfurt-Weimarer Herzensbrecher eine zweite
Chance erhalten.

»Die neue Melusine« kommt gerade mit der Post-
kutsche an, ist allein, eine »schöne Gestalt«, deren
»liebenswürdiges Gesicht« mit einem »kleinen Zug
von Traurigkeit geschmückt« ist. »Ich eilte sogleich,
ihr« — mit der Helfermaske zu kommen! — »den
Schlag zu eröffnen und zu fragen, ob sie etwas zu be-
fehlen habe.« Wo doch Herr Goethe, wie seine Kolle-

gen überhaupt, alle Zeit der Welt hatte, sich für seine Figuren etwas Originelles einfallen zu lassen; so wie selbst wir Sterblichen, bei der Nachbereitung einer versiebten Gelegenheit, noch manchmal auf die Lösung kommen, zu Hause. Statt dessen wiederholt er die Frage und behauptet einfach, die Frau habe ihn daraufhin zum Abendessen eingeladen. Beim Tischgespräch will er gar »allerlei Kunstgriffe, mich ihr zu nähern«, versucht haben, allein, man erfährt nicht einen einzigen. Die Art und Weise, in der er sich ihr am nächsten Morgen nähert, läßt indes vermuten, daß es darum nicht schade ist: »Ich stürzte auf sie zu und faßte (sic!) sie in meine Arme.« Den Grapschangriff begleiten die Worte: »Englisches, unwiderstehliches Wesen!« Sie krönen eine Leistung, die der Frauenmund von heute mit »Mach hier nicht den Klammeraffen!« honorieren würde.

Aber vielleicht liefern uns die sensibleren Goethe-Geschöpfe, wie der leidensfähige junge Werther, etwas weniger trampelhafte Exempel, wie eine Unbekannte mit Aussicht auf Erfolg anzusprechen wäre. Ihre dritte Chance, Herr Geheimrat!

Zunächst der Casus »junges Dienstmädchen« am Brunnen. Werther hat gut beobachtet, daß sich das Mädchen nach einer »Kamerädin« umsieht, ihr das volle Wassergefäß »auf den Kopf zu helfen«. – Noch nicht lachen. – Er hin, und siehe: Er »...sah sie an«. Unser Mann hat hinzugelernt. Und der vorgängigen, wenn auch kurzen Unterredung mit den Augen schließen sich Worte an, die ihre Wirkung nicht verfehlen: »Sie ward rot über und über.« Die Worte aber lauten: »Soll ich Ihr helfen, Jungfer?« Jetzt lachen.

Gleichwohl kann bei Goethe nicht von einem Helfersyndrom gesprochen werden. Er hat noch anderes auf der Pfanne. Elf Tage später gräbt Werther eine andere Dame an, mit dem beachtlichen Resultat, »es ward mir schwer, mich von dem Weibe loszumachen«. Es ist eine junge Mutter, die ihre spielenden Kinder versorgt; er, nicht faul, »trat näher hin und fragte sie« – Obacht! –, »ob sie Mutter von den Kindern wäre.«

Bei derlei Einfällen, Güteklasse »Machen Sie hier auch Urlaub?«, muß man sich nicht wundern, daß der Held sein Glück im Schoß der weiblichen Verwandtschaft sucht und sich irgendwann die Kugel gibt. Baudelaires in Trauer gekleidete Passantin hätte er wahrscheinlich gefragt, ob jemand gestorben sei. Nach diesen Finsterkeiten aus dem Leben von Triebtätern, Trampeln und Trotteln muß – der Franzos' mag warten – ein Lichtblick her, und zwar »Aus dem Leben eines Taugenichts«, Kapitel drei. Bitte, Herr von Eichendorff: »Bald darauf aber kam ein schmukkes Mädchen mit einer großen Stampe Wein zu mir. Musikanten trinken gern, sagte sie und lachte mich freundlich an, und ihre perlweißen Zähne schimmerten recht charmant zwischen den roten Lippen hindurch, so daß ich sie wohl hätte darauf küssen mögen.« Der Taugenichts kann sich gerade noch beherrschen und spielt weiter dem Volk zum Tanz auf, bis gegen Abend alles nach Hause geht, einschließlich

des schmucken Mädchens. »Aber sie ging langsam und sah sich zuweilen um, als ob sie was vergessen hätte. Endlich blieb sie stehen und suchte etwas auf der Erde, ich aber sah wohl, daß sie, wenn sie sich bückte, unter dem Arme hindurch nach mir zurückblickte.«

Eine hundertprozentig sichere Angelegenheit mithin, deren Bewältigung hauptsächlich schüchternen Naturen ein ermutigendes Beispiel sein sollte: »Ich hatte auf dem Schlosse Lebensart gelernt, ich sprang also geschwind herzu und sagte: Haben Sie etwas verloren, schönste Mamsell?«

Es ist wenig wahrscheinlich, daß Friedrich Nietzsche diesen Taugenichts meinte, als er reimte: »Er schoß ein leeres Wort zum Zeitvertreib/Ins Blaue – und doch fiel darob ein Weib«; obwohl »schönste Mamsell« im Frauenohr von heute mit dem Charme des Antiquierten hübschen Effekt machen könnte.

Im Kapitel neun macht der Freiherr es sich und den Seinen noch leichter: Auf einem Schiff – sie kann also nicht weglaufen – hätten »Studenten gern einen höflichen Diskurs« mit einem »hübschen jungen Fräulein« angesponnen, welches nicht nur »für sich saß«, sondern auch einen Kanarienvogel im Käfig bei sich hatte, der sang, »daß es eine rechte Lust war«. D-der s-singt ab-berschön!, hätte hier wohl noch der timideste Stotterer herausgebracht, aber des Romantikers Studenten »hatten keine rechte Courage«, und Herr Taugenichts hatte vorgeblich kein Interesse, da er »immerfort in die blaue Ferne« blickte. Na ja; daß die Schreiber dazu neigen, »ihre eigenen Schwächen in die ihrer Figuren zu kleiden«, hat schon Jean Paul ausgeplaudert.

Trotzdem geht es jetzt weder mit Jean Paul weiter – der Idylliker hat sich nämlich um die Elementarsituation gedrückt – noch mit den andern Sprachlosen der Romantik, sondern vorwärts zum Realismus, zurück zur Straße. Auf die hat Gottfried Keller seinen ledigen Herrn Reinhart geschickt, mit einem »Sinngedicht« als Anleitung für ein galantes Experiment: »Wie willst du weiße Lilien zu roten Rosen machen? Küss' eine weiße Galatee: sie wird errötend lachen.«

Die erste Galatee, die ihm über den Weg läuft, ist eine Zöllnerstochter. Als sie an ihn herantritt, »um den Brückenzoll zu fordern, sah er, daß es ein schönes, blasses Mädchen war, schlank von Wuchs, mit einem feinen, lustigen Gesicht und kecken Augen«. Das fällige Kompliment ist vom Dicksten: »Wahrhaftig, mein Kind! sagte Reinhart, Ihr seid die schönste Zöllnerin, die ich je gesehen habe.« Davon abgesehen, daß faustdicke Schmeicheleien bis heute nichts an Galanteriekraft eingebüßt haben, verrät vor allem die nachgeschobene, kecke Nötigung, »und ich gebe Euch den Zoll nicht, bis Ihr ein wenig mit mir geplaudert habt!« mehr Realitätssinn, als allen Verfechtern der Helfermasche zusammen eignet. Es wird daher niemanden überraschen, daß der Keller-Mann am Ende von der schönen Zöllnerin geküßt wurde, und ein jeder, der dieses Experiment etwa mit einer schönen Kellnerin machen sollte, dabei Zoll durch Zeche ersetzend, wird das Urteil Hofmannsthals bestätigt finden, wonach Kellers Bücher »einem im Leben weiterhelfen und das nächste leichter machen, was man wirklich selbst von Goethe kaum sagen kann«.

Ob man indes bei Goethe noch von »kaum« reden kann, wird sich herausstellen, wenn Mephistopheles' frankophober Tip gleich seine Brauchbarkeit beweisen muß. Messieurs hommes des lettres, s'il vous plaît!

Monsieur Flaubert hat für Monsieur Frédéric, den skrupulösen Helden der »Lehrjahre des Herzens«, sicherheitshalber geringen Zeitdruck und einfaches Terrain gewählt: ein Schiff, den Seine-Dampfer »Ville-de-Montereau«, auf dem der frischgebackene Abiturient sich langweilt, einen Pariser Kunsthändler namens Arnoux kennenlernt, sich wieder langweilt und so fürbaß wandelt.

»Da traf es ihn wie eine jähe Erscheinung. Sie saß in der Mitte der Bank, ganz allein.« Wie das Fräulein beim Taugenichts. Nur hat sie keinen Vogelbauer, sondern − auch kein schlechter Ansatzpunkt − einen Stickrahmen. Frédéric nimmt neben ihr Aufstellung und tut, »als beobachte er den Fluß. Noch nie hatte er solch eine bräunlich schimmernde Haut, eine solch verlockende Gestalt gesehen, noch nie so zarte Finger, durch die das Licht schien«. Und er hat so schön Zeit, sich etwas Ausbaufähiges zu ihrer Stickarbeit einfallen zu lassen. Aber Flaubert hängt ihr einen langen Schal »mit breiten violetten Streifen« um, der bald anfängt, »vom Gewicht der Fransen gezogen, langsam

weiter über den Schiffsrand« zu gleiten. Helfermasche – ick hör' dir häkeln! Prompt wär' der Stoff »ins
Wasser gefallen, wenn nicht Frédéric hinzugesprun-
gen wäre und ihn festgehalten hätte«.

Die Dame ist wohlerzogen: »Ich danke Ihnen,
Monsieur«; aber doch nicht so wohl, daß sie die
Augen niederschlüge. »Ihre Blicke trafen sich. –
Frau, bist du bereit? rief« – nein, keine Sorge, nicht
Frédéric, sondern – der aufkreuzende Gemahl, eben-
jener Kunsthändler, und rettet Held und Autor aus
der Verlegenheit, einen höflichen Diskurs fortspinnen
zu müssen. Gewiß, halsstarrige Flaubert-Verehrer
werden hier logische Implikationen der erzähleri-
schen Dramaturgie und ähnliche Ausflüchte geltend
machen; damit aber ist es spätestens siebzig Roman-
seiten weiter vorbei, wenn der Meister sich definitiv
aus dem Fenster lehnt. Frédéric, der sich immerhin
den Namen Arnoux gemerkt hat, ist nach Paris umge-
zogen, wo er es erfolglos mit der Freund-des-Hauses-
Masche versucht. Darob wird er von seinem Freund
Deslauriers, einem weniger heiklen Charakter, gehän-
selt und schließlich zu einer galanten Wette verleitet:
»Willst du hundert Francs wetten«, sagt Deslauriers,
»daß ich mit der ersten, die vorbeikommt, anbandle?«

Die erste ist ein »sündhäßliches Bettelweib«; aber
die zweite, »ein großes Mädchen mit einer Papp-
schachtel in der Hand«, wird als »etwas Passendes«
akzeptiert. »Deslauriers sprach sie an.« Was er sagte,
erfahren wir nicht, eine in Anbetracht des Resultats
verzeihliche Unterlassung. »Sie bog jäh nach den Tui-

lerien hin ab, lief dann über die Place du Caroussel und blickte sich im Laufen nach allen Seiten um. Sie rannte hinter einer Droschke her, aber Deslauriers holte sie ein.« Nach menschlichem Ermessen müßte sie jetzt eine Handfeuerwaffe aus der Schachtel holen – da ist höchste Eloquenz gefordert: »Nun ging er neben ihr und redete mit ausdrucksvollen Gebärden auf sie ein.« Was der Franzos' redete, erfahren wir leider wieder nicht; eine in Anbetracht des Resultats ganz und gar unverzeihliche Unterlassung: »Schließlich hängte sie sich bei ihm ein, und sie gingen Arm in Arm an der Seine entlang weiter.«

Wir gehen – Strafe muß sein – vom Meister zum Meisterschüler; ein Schritt, der um so gerechtfertigter ist, als Guy de Maupassant mit »Bel Ami« gewissermaßen ein Fachbuch vorgelegt hat. Sein Frauenheld, dessen Kosename sich nachgerade zum französischen Synonym für Casanova gemausert hat, geht die Chose entsprechend fachmännisch an, zunächst vor dem Spiegel: »Er probierte verschiedene Arten zu lächeln aus, gab seinen Augen bald diesen, bald jenen Ausdruck, um sich den Damen gegenüber galant zu zeigen«, aber ach! – respektive hèlas! –, sobald sich eine von ihnen zeigt, kriegt er keinen ganzen Satz mehr zusammen. »Er stammelte« auf Seite 27 »und stammelte« auf Seite 100, auf Seite 101 »stotterte er«, »Er stotterte« noch auf Seite 115, dazwischen jedoch wohnt unser schöner Freund wundersamerweise zwei attraktiven Damen bei; ein Erfolg, der nach der Methode Maupassant vollkommen erklärlich ist: Nach der »warf er sich auf sie, suchte ihren Mund mit seinen Lippen und ihr nacktes Fleisch mit seinen Händen«.

Nein, diese Casanovas! Denen gibt's der Herr Autor im Beischlaf. Und wenn er selber ein Casanova ist, läßt er sich erst recht nicht in die Karten gucken. »Aus den Memoiren des Venetianers Giacomo Casanova de Seingalt« erfährt der ratsbedürftige Leser so wenig Formulierungshilfen für die Worte nach dem ersten Blick wie aus dem Wirken des Prager Aufreißers Thomas in der »Unerträglichen Leichtigkeit des Seins«. Milan Kundera, der eigenen Angaben zufolge wenig ausließ, schreibt seinem Arzt und Fensterputzer runde zweihundert gehabte Frauen zu, gönnt dem männlichen Publikum jedoch nur einen Halbsatz in einer Szene, die vom Banalsten ist. Teresa ist Kellnerin, Thomas Gast: »Er hob die Augen zu Teresa und lächelte: Einen Cognac!«

Dieser aus purer Konkurrenzangst gespeisten Unverschämtheit läßt der mißgünstige Literat eine zweite, an Infamiegehalt kaum zu überbietende folgen, indem er den Diskurs aus der Sicht und Interessenlage der Frau fortspinnt. Thomas bittet, die Zeche auf die Hotelrechnung zu setzen. »Selbstverständlich, wie ist Ihre Zimmernummer?« Er zeigt ihr den Schlüssel. »Sonderbar, sagte sie, die Nummer sechs. – Was ist daran sonderbar? fragte er.« Ihm wird eine Antwort von unbestreitbarer, galanter Geistesgegenwart zuteil: »Sie haben das Zimmer Nummer sechs, und ich beende meinen Dienst um sechs.«

Damit hat Kundera, der nicht vergißt, seine Leistung mit »wir können ihre List nur bewundern« zu kommentieren, zwei Fliegen mit einer Klappe geschlagen: Er dokumentiert der Leserschaft, insbesondere der weiblichen, seine Einfallspotenz und verhindert gleichzeitig, daß potentielle Rivalen davon profitieren.

»Das kann man mit uns nicht machen!« Sie sagen es, Herr Arno Schmidt, und deshalb erzählen Sie uns Herren – bevor es retour über den Rhein geht – doch noch einmal, wie Sie in »Seelandschaft mit Pocahontas« diese Indianerprinzessin aus Osnabrück angegraben haben. »Das höllenfarbene Mädchen bog den schlanken Stielleib hinüber, Augen belichteten uns« – ein Freund, Erich, ist mit von der Partie – »kurz«; auch sie hat eine Freundin, »klein und bauerndrall«, dabei. Man sitzt im Frühstücksraum von »Holkenbrinks Pensionshaus« am See und teilt die Mädels auf: »Erich mantschte schon mit den Augen in seiner

41

strammen Maruschka.« Der Wirt bringt das Gästebuch, »und wir lasen erst einmal behaglich darin, mit langen bedeutenden Fachmannsblicken zu den hold Errötenden und unbeteiligt Tuenden«. Man trägt sich unter falschem Namen ein (»Fallsde eene anknallst!«), dann »ließen wir das Buch unwiderstehlich offen am Tischrand liegen; erhoben uns zu voller Länge, wölbten die Brust und so weiter, neigten einen verbindlichen Guten Morgen: Lächeln, mit tiefen Blicken in die betreffenden zugewiesenen Augenpaare; damenhaft sah sie beiseite und dankte gekonnt gleichgültig«.

Dergestalt schulmäßig vorbereitet – Musäus hätte seine helle Freude –, wird am Strand der entscheidende Treffer gesetzt: »Sie heißen Selma: ich hab' sofort aufgepaßt... Im Gästebuch, als wir uns eintrugen.« Auch Selma hat hineingelinst, und zum Lohn für Recherche und Geständnis gibt's eine abwechslungsreiche Urlaubswoche mit Selma-Pocahontas: »unter Wasser«, »am Deich«, »im Boot«, »im Stehen« und im »Gebüsch«.

Es braucht also weder die Hilfe des Teufels noch unbedingt eine »welsche Geschicht«, die lehret, wie »herauf, herum / Durch allerlei Brimborium / Das Püppchen geknetet und zugericht't« wird – manchmal genügt ein Gästebuch. Zumal die von Mephistopheles gemeinten schlüpfrigen Rokoko-Histörchen und »Liaisons dangereuses« auf dem anspruchsvollen, ja brutalen Terrain der Straßen des zwanzigsten Jahrhunderts keinen Schritt weiterhelfen. (Sowenig wie, nebenbei, die fischblütigen Wälzer von jenseits des

Kanals; die mag der liebestolle Anglist konsultieren, um sich abzukühlen.)

Auf dem heißen Pflaster von Paris hingegen ist, wie gesehen, sogar der einheimische Realismus überfordert. »Die soziale Heuchelei, die Abwehrhaltung, mit der die Frauen den Annäherungsversuchen nur allzu zahlreicher Flegel begegnen, die Unsicherheit, wie man die Passantinnen intellektuell und moralisch einzuschätzen hat«, macht daher den Einsatz des Sur-Realismus erforderlich, in Gestalt seines Anführers, des bereits erwähnten André Breton. Dessen Geheimtipschrift »Die kommunizierenden Röhren« zeigt der amourösen Welt, wo's langgeht: »...ging ich eines Abends so weit, mit meinen Freunden zu wetten, daß ich zehn ›ehrbar‹ aussehende Damen ansprechen würde, und zwar auf dem Wege zwischen dem Faubourg Poissonire und der Opéra«. Also nicht bloß eine, wie noch bei Flaubert. Zwar kommt er »über die achte nicht hinaus«, aber »es gab unter den achten nur eine, übrigens nicht gerade die attraktivste, die mir nicht antwortete. Fünf waren durchaus zu einem Rendezvous bereit.« Chapeau! Es lebe der Unterschied zwischen Realismus und Surrealismus! Was genau er den Damen gesagt hat, behält der Flegel allerdings für sich. Nieder mit den Gemeinsamkeiten!

Aber wir können uns beruhigen: Ob auch nur eine jener fünf Damen gekommen wäre, ist nach der Seiten später vorfindlichen einzigen Kostprobe seines Einfallsreichtums so gut wie ausgeschlossen. Einer »jungen Frau«, die »augenfällig zu schön« für ihren

Begleiter ist, hofft er, vergeblich, einen Zettel zustekken zu können. Mit den ersten und letzten Worten: »Ich denke nur noch an Sie. Ich brenne darauf, Sie kennenzulernen. Jener Herr ist vielleicht Ihr Bruder? Wenn Sie« − festhalten! − »nicht verheiratet sind, halte ich um Ihre Hand an.« Unterschrift plus: »Ich flehe Sie an.« Dem Bankrott folgt der Offenbarungseid: »Ich habe manches Mal das ideale Blatt vermißt, in dem ich eine Annonce hätte aufgeben können.« Pech! 1931 gab's die »Zeit« noch nicht.

Es gab nur die »Suche nach der verlorenen Zeit«. Seit 1919 und einunddreißig Zentimeter dick. Dennoch, oder besser: wegen dieser enormen epischen Breite müßte es mit dem Teufel zugehen, wenn auf den knapp viertausend Seiten sich nicht wenigstens eine das Herz einer Dame öffnende Zeile finden ließe. Schließlich steht nicht nur der Ruf der Grande Nation und des großen Proust, sondern der einer ganzen literarischen Gattung auf dem Spiel.

»Eine junge, ganz entzückende Person« von niederem Stand gerät in die Reichweite des in den höchsten Kreisen verkehrenden Charles Swann und profitiert, zusammen mit uns, von einem zutiefst demokratischen Charakterzug dieses Könners, »der Frauen, denen er in galanten Wendungen den Hof« macht, »immer Dinge von raffinierter Erfindung« zu sagen pflegt. »Swann konnte nicht anders, er sagte diesen Mädchen das gleiche, was er der Prinzessin des Laumes gesagt hätte. Das ist hübsch, du hast heut blaue Augen an, sie passen ganz genau zur Farbe deines Gürtels.«

44

Die Effizienz dieses Espritstreichs – geschätzte Erfolgsquote: neunzig Prozent – beruht, neben dem Prinzip der Umkehrung eines geläufigen, erwartbaren Kompliments, vor allem auf seinen Variationsmöglichkeiten: grüne Augen – grüne Bluse, schwarze Augen – schwarze Strümpfe (Baudelaires Passantin!), rote Augen, pardon, Haare – rote Schuhe. In diesem Wissen hat es Proust denn auch bei diesem einen Juwel belassen. Pro viertausend Seiten ein verwertbarer Einfall – ein Verhältnis, das den galanten Erfindungsreichtum der klassischen Hochepik insgesamt korrekt beschreiben dürfte; zumindest, was die Flirtausgangslage des ersten Wahrnehmens bei gegenseitiger Unbekanntheit ohne vermittelndes Drittes betrifft.

Bei der zweiten, an Mut und Einfallsgeschwindigkeit bedeutend geringere Anforderungen stellenden Kategorie – wenn also die Herrschaften bereits miteinander bekannt gemacht worden oder sonstwie aneinander geraten sind – sieht es schon bedeutend besser aus. Erlesene Freiwillige treten vor: Fontane, Thomas Mann, Tolstoi, und Seine Eleganz Robert Musil schickt gar den »Mann ohne Eigenschaften« in den Ring. Der heißt Ulrich und kommt mit der »schönen Frau« Bonadea ins Gespräch, weil er k. o. gegangen ist. Als er nach »einer unglücklich verlaufenden Schlägerei« auf dem Pflaster Wiens wieder zu Bewußtsein gelangt, hat »ein Mietwagen nahe am Gehsteig haltgemacht«, und »eine Dame beugte sich mit engelhaftem Gesichtsausdruck über ihn«. Selbstverständlich wird der »verwundete Fremdling« nach Hause gefahren. »Im Wagen hatte er dann rasch zu sich selbst gefunden. Er fühlte etwas mütterlich Sinnliches neben sich«, welches er mit überraschend gedankenvollen Ausführungen über den Zusammenhang von Boxsport und Theologie derart beeindruckt, daß »sie fand, daß ein glücklicher Zufall sie einen sehr geistvollen Mann hatte retten lassen«. Hut ab!

Jetzt muß er nur noch den Übergang zum Thema Nummer eins packen. Er »benützte die Gelegenheit, um beiläufig darauf hinzuweisen, daß ja auch« – Touché! – »die Liebe zu den religiösen und gefährlichen Erlebnissen gehöre«. Aber sie lenkt sofort zum Thema Sport zurück: der »sei doch roh«. Ulrich gibt das gleich zu, bekräftigt geistvoll, »man könne sagen, der Niederschlag eines feinst verteilten, allgemeinen Hasses, der in Kampfspielen abgeleitet wird«, referiert auch die landläufige Meinung, »Sport verbinde, mache zu Kameraden und dergleichen«, und kommt mit einem kühnen Schlenker aufs Thema zurück: » – aber das beweise im Grunde nur, daß Roheit und Liebe nicht weiter von einander entfernt seien als der eine Flügel eines großen bunten stummen Vogels vom anderen«.

Darob fällt das Weib. Nicht gleich im Mietwagen, auch geht sie weder mit ihm hoch noch auf seine Bitte nach ihrer Anschrift ein (»damit er ihr seinen Dank abstatte«, auch nicht unschlau!), aber am nächsten Morgen, »wurde ihm eine Dame gemeldet, die ihren Namen nicht nennen wollte und tiefverschleiert bei ihm eintrat«. Und: »Zwei Wochen später«, scherzt Musil, »war Bondea schon seit vierzehn Tagen seine Geliebte.«

Ja, wenn ihren Helden die Schönen und Schlanken (bemerkenswerterweise ist keine der Traumfrauen unserer Klassiker dick) auf dem Tablett der Umstände gereicht werden, dann sind sie in ihrem Element, die Herren der Überleitungen. Dann kriegt sogar Maupassant die Zähne auseinander, wenn es gilt, »eine noch ganz junge Witwe«, die ein »blondes Köpfchen« und ein großes Vermögen ihr eigen nennt, weichzukochen. Madame Rosémilly, mit den Eltern von »Pierre et Jean« befreundet, kommt mit zum Langustensuchen, und Bruder Jean will es diesen Nachmittag wissen: »Mit glänzenden Augen sah Jean die schmalen Fesseln, die wohlgeformten Beine und den großen, herausfordernden Hut Madame Rosémillys« zwischen den Klippen und Sielen der normannischen Küste herumturnen.

Alsbald späht man Kopf an Köpfchen in ein Felsenbecken nach den durchsichtigen Krebstieren: »Sehen Sie was? fragte sie. – Ja, Ihr Gesicht, es spiegelt sich im Wasser. – Wenn Sie weiter nichts sehen, werden Sie kaum was fangen.« Er fängt immerhin beherzt das Stichwort auf und damit an, »zärtlich« zu flüstern: » – Ach, von allem, was sich fangen läßt, wäre mir das das liebste.«

So geht es her und hin, immer zwischen Krebs- und Herzensfang, bis endlich das Jawort der »sehr weiblichen Frau« den guten Jean erlöst. Auch wir wollen den guten Guy nicht länger triezen – wegen des unzeitigen »zärtlich« gibt's nur eine Vier minus –, bleiben aber am Meer, wo an anderer Küste der Major Crampas und Frau Effi Briest, verh. Instetten, spazierenreiten.

Fontane hat mit Hilfe eines Großbrands, der den Landrat Instetten dienstlich bindet, und eines Ziegenpeters, der einen vorgesehenen Mit-Reiter ausschaltet, dafür gesorgt, daß die beiden ungestört causieren können. Das »jugendlich reizende Geschöpf« freut sich über die Bojen, die in der Brandung »schwimmen und tanzen«, und macht eine reizende Bemerkung über die versunkene Stadt Vineta, als deren Turmspit-

49

zen ihr die Bojen immer vorkämen. Crampas, »ein guter Causeur«, kennt natürlich das zugehörige Heine-Gedicht vom »Seegespenst« und gibt Effi, die es »leider« nicht kennt, eine recht tendenziöse, die Sehnsucht des Dichters nach »trippelnden Frauen mit Kapotthüten« herausstreichende Inhaltsangabe. Sie findet es »allerliebst«, möchte es auch gern lesen, stellt aber, statt erotisch weiterführend zum Inhalt, nur eine höchst profane Frage zur Form: »Ist es lang?« – Die Antwort fällt zunächst entsprechend sachlich aus: »Nein, es ist eigentlich kurz«; doch dann trifft der Major a. D. den, strenggenommen, sinnlosen, aber strategisch äußerst einsichtigen Vergleich mit zwei anderen, Effi ebenfalls unbekannten Heine-Gedichten: »...etwas länger als ›Du hast Diamanten und Perlen‹ oder ›Deine weißen Lilienfinger‹...«. Und wahrscheinlich genau bei dem Wort »Lilien« gewinnt der Flirt eine neue galante Qualität – zur anrührenden Rede tritt die beredte Berührung: »...und er berührte leise ihre Hand«.

Ein, wie auch der halsstarrigste Fontane-Verächter zugeben wird, astreiner Tip, der um so begrüßenswerter ist, als diese Annäherungsform in puncto Timing und Dosierung größtes Fingerspitzengefühl verlangt und der Frauenhand von heute gewöhnlich wenig mehr Originelles widerfährt, als daß ein Sektglas, welches sie auf einer Party darreicht, an den es haltenden Lilienfingern angepackt wird.

An dieser Verarmung sind die Frauen freilich nicht ganz schuldlos; wäre eine ihrer Domänen, die Haus-

wirtschaft, bei ihnen nicht so gänzlich in Verruf geraten, könnten sie jetzt schon mal anfangen, von dem
folgenden aparten Widerfährnis aus Gottfried Kellers
»Grünem Heinrich« zu träumen. Des Schulmeisters
Töchterlein Anna, »schlank und zart wie eine Narzis-
se, mit goldbraunen Haaren, blauen Äuglein, einer
etwas eigensinnigen Stirne und einem kleinen lä-
chelnden Mündchen«, hilft im Haushalt mit. Es gilt,
einen mächtigen Haufen »grüner Bohnen der
Schwänzchen und Fäden zu entledigen«, den die alte
Magd auf den Tisch getürmt hat. Auch Heinrich
hilft, »damit ich in ihrer Nähe bleiben konnte«, und
»so saßen wir bis um ein Uhr (in der Nacht) um den
grünen Bohnenberg herum und trugen ihn allmählich
ab, indem jedes einen tiefen Schacht vor sich hinein-
grub«. Er hat sich Anna gegenüber plaziert, und die
»baute ihren Hohlweg in die Bohnen hinein mit vieler
Kunst, eine Bohne nach der anderen herausnehmend,
und grub unvermerkt einen unterirdischen Stollen, so
daß plötzlich« – uns schwant Entzückendes – »ihr
kleines Händchen in meiner Höhle zutage trat«, um
auf das unabsichtlichste berührt oder gar, wie die alte
Magd kupplerisch vorschlägt, gefangen zu werden.
Denn dann sei Anna »der Sitte gemäß verpflichtet«,
den Häscher »zu küssen«. Als der Heinrich das Händchen nicht und nicht erwischt, behauptet die Magd:
»wenn ihr der Bau endlich zusammenbricht unter den
vielen Löchern, so muß sie Euch auf jeden Fall küssen!«. Und als auch das nicht geschehen will, hilft sie
nach und tritt kurz ans Tischbein.

Wegen des galanten Schwindels kriegt er den Kuß nicht gleich, aber noch im selben Sommer, auf dem »vom aufgehenden goldfarbenen Monde« bestreiften Kirchhof, in der »stark duftenden Finsternis« eines Holunderstrauchs. Zuerst küßt man »zwei oder drei Mal, aber höchst ungeschickt«, doch dann wird – es ist schließlich die »allerschönste Nacht« – ernst gemacht: »...wir fielen uns um den Hals und küßten uns eine Viertelstunde lang unaufhörlich, zuletzt ganz vollendet und schulgerecht!«

Welcher Möglichkeiten der beredten Berührung sich umgekehrt die Herren begeben haben, seit sie den Handkuß aus ihrem höflichen Repertoire strichen – nur weil sie den Frauen einen vorzeitigen Blick auf

52

ein beginnendes Glätzchen oder ein paar läppische Schuppen nicht mehr verstatten mochten –, wird ihnen gleich bitter aufstoßen, wenn sie mitanlesen müssen, wie Flauberts dußliger Frédéric der schönen, schlanken Madame Arnoux doch noch unter die »bräunlich schimmernde Haut« gegangen ist.

Dank seiner Ausdauer – eine im Buhlgetriebe nicht zu unterschätzende Tugend – hat der nunmehr angehende Jurist es zum Stammgast der »regelmäßigen Abendgesellschaften« im Haus des Kunsthändlers gebracht und macht Madame über etliche Jahre den Hof. Auch am Tage wartet er ihr mit Besuchen auf, spricht dabei nicht nur »von belanglosen Dingen«, lenkt manches Gespräch »auf das Kapitel der Gefühlserlebnisse«, mausert sich, als die Ehe Arnoux' in Schwierigkeiten kommt, gar zu ihrem Vertrauten – allein, er findet und »fand einfach keinen Anknüpfungspunkt, um auf seine Gefühle zu sprechen zu kommen«. Einen verschämten ersten Tastversuch während einer gemeinsamen Kutschfahrt – »er streckte die linke Hand auf dem Wagenpolster aus, dahin, wo sie saß, und ließ sie dort weit offen liegen« – bricht er, da sie ihre Finger bei sich behält, wieder ab, die schwarzhaarige Marie Arnoux wäre, ohne von dieser zähen Liebe erfahren zu haben, weiß geworden, wenn nicht Flaubert aus Verzweiflung über die Blödigkeit seiner eigenen Figur doch noch auf einen seine erneute Anhörung rechtfertigenden Einfall gekommen wäre.

Er läßt Frédéric galante Erfahrungen im Kreis einer

bekannten Kokotte machen und ihn sich eines Abends Madame Arnoux mit einer derart beredten Abweichung vom sonst nichtssagenden Handkuß erklären, daß sie ihm noch zwanzig Jahre danach gestehen kann, »wie sie entdeckt habe, daß er sie liebe. – Einmal am Abend, als Sie mir das Handgelenk zwischen Handschuh und Ärmel küßten. Da sagte ich mir: Er liebt mich ja!... Er liebt mich!«

Bevor nun Thomas Mann mit der schönsten kleinen Aufmerksamkeit und Tolstoi mit dem schönsten Heiratsantrag der Weltliteratur sich anschicken, uns vollends zu blenden, tut ein wenig Schatten gut, für den zu sorgen die Antatschexperten Hölderlin und Böll versprechen. Jawohl, Böll. Böse Zungen behaupten zwar, von diesem Heinrich könne man bestenfalls etwas aus dem Liebesleben der Pflastersteine erfahren, aber sie wissen gar nicht, wie recht sie damit haben. Als Pflasterstein jedenfalls benötigt man bei Leni, der »ungeheuer sinnlichen« Dame mit Gruppenbild, nichts als »eine kleine Unebenheit«, »eine winzige Bruchstelle«, wie man sie von jedem »Pflasterer abgeschlagen« bekommt. Damit berührt der galante Basaltstein wie zufällig ihre Fußsohle, die gibt »die Mitteilung sofort an ihren Hirnstamm weiter«, und schon erlebt die Frau »jenen Vorgang«, der »von plumpen Erotologen und sexotheologischen Dogmatikern, auf peinliche Weise reduziert, mit Orgasmus bezeichnet wird«.

Erotologe Hölderlin hingegen wird, um Diotimas Hirnstamm von Hyperions erhöhter Handtemperatur

Mitteilung zu machen, statt im Straßenbau im Geländerbau aktiv. Nachdem der scheue Jüngling nicht weiß, wie er es ihr sagen soll – »Von uns zu sprechen, scheuten wir uns« –, und auch das Projekt »Zum Tone möchte man werden und sich vereinen in Einen Himmelsgesang« nicht vorankommt, klettern die beiden auf einen griechischen Berggipfel und schauen erst mal »hinaus, in den unendlichen Osten«. Und wie Diotima »in schlanker Fülle« so »sanft empor gestreckt« steht, hätt' er sie am liebsten »fassen mögen«; aber so ganz ohne außererotischen Grund? Also »trat sie weiter vor und sah die schroffe Felsenwand hinab«, vor der – in sonst vom Göttlichen aufs erhabenste durchwalteter Edelnatur – plötzlich bauvorschriftswidrig niedrig ein Geländer montiert ist: »Das Geländer, worauf sie sich stützte, war etwas niedrig.« Und: »So durft ich es ein wenig halten, das Reizende, indes es sich so vorwärts beugte.« So ein Schlingel. Von wegen »zärtlich kindische Sorge, daß sie fallen möchte« – aufs durchsichtigste waltet die Beschützermasche: »Ach! heiße, zitternde Wonne durchlief mein Wesen, und Taumel und Toben war in allen Sinnen, und die Hände brannten mir wie Kohlen, da ich sie berührte.«

Nach diesem, wie versprochen, letzten Kapitel aus dem Liebesleben der Nervenbündel sind auch wir glücklich reif fürs Sanatorium, und da kommt selbstverständlich nur eins in der Schweiz in Frage: »Der Zauberberg«.

In dem ist gerade schmetternd die Glastür des

Speisesaals ins Schloß gefallen, und Clawdia Chauchat, mit rückwärtsgebogener Hand das geflochtene Haar stützend, schleicht unter den anämischen Blicken Hans Castorps zum »Guten Russentisch«. Die Angelegenheit ist bereits beträchtlich gediehen. Nicht nur sind Unterhandlungen mit den »schmalgeschnittenen Kirgisenaugen« in gehöriger Länge und zweistelliger Zahl geführt worden, auch hat der junge Ingenieur den russisch-französischen Gegenstand seiner Sehnsucht erstmals klar aus der Fassung gebracht. Während eines besonders dramatischen Gesprächs mit den »graugrünen Augen, deren leicht asiatischer Sitz und Schnitt ihm das Mark bezaubern« – »will ihr die Serviette entfallen, ist im Begriffe, ihr vom Schoße zu Boden zu gleiten. Nervös zusammenzukkend greift sie danach, aber auch ihm fährt es in die Glieder, es reißt ihn halbwegs vom Stuhle empor, und blindlings will er über acht Meter Raum hinweg und um einen zwischenstehenden Tisch herum ihr zu Hilfe stürzen...« Doch der anspruchsvolle Weltliterat verschmäht selbstredend dies banale Vehikel galanter Annäherung und läßt Madame Chauchat der fallenden Serviette noch eben habhaft werden.

Denn mit seinem begabten Helden hat er Größeres vor. Nach mehr als neunzig harten Seiten, auf denen Rückschlag mit Fortschritt und Resignation mit Euphorie abwechseln, »fallen beim Abendessen die Strahlen der klar untergehenden Sonne auf den Guten Russentisch. Man hat die Vorhänge vor die Verandatüren und Fenster gezogen, aber irgendwo klafft da

56

ein Spalt, und durch ihn findet der rote Schein kühl, aber blendend und trifft genau Frau Chauchats Kopf«; genauer, ihre »schlechthin zauberhaft geschnittenen Kirgisenaugen«, die sie mit der Hand schützen muß.

Was aber der Ingenieur Castorp aus diesem Geschenk des Graubündner Abendhimmels macht, verdient ungeschnitten wiedergegeben zu werden: »Das ist eine Belästigung, aber keine schwere; niemand kümmert sich darum, die Betroffene selbst ist sich der Unbequemlichkeit wohl nicht einmal bewußt. Aber Hans Castorp sieht es über den Saal hinweg, – auch er sieht es eine Weile mit an. Er überprüft die Sachlage, verfolgt den Weg des Strahles, stellt den Ort seines Einfalles fest. Es ist das Bogenfenster dort hinten rechts, in der Ecke zwischen der einen Verandatür und dem Schlechten Russentisch, weit von Frau Chauchats Platze entfernt und fast genau ebenso weit von dem Hans Castorps. Und er faßt seine Entschlüsse. Ohne ein Wort steht er auf, geht, seine Serviette in der Hand, schräg zwischen den Tischen hin durch den Saal, schlägt da hinten die cremefarbenen Vorhänge gut übereinander, überzeugt sich durch einen Blick über die Schulter, daß der Abendschein ausgesperrt und Frau Chauchat befreit ist – und begibt sich unter Aufbietung vielen Gleichmutes auf den Rückweg. Ein aufmerksamer junger Mann, der das Notwendige tut, da sonst niemand darauf verfällt, es zu tun. Die wenigsten hatten auf sein Eingreifen geachtet, aber Frau Chauchat hatte die Erleichterung sofort gespürt und sich umgeblickt, – sie blieb in dieser Haltung, bis Hans Castorp seinen Platz wieder erreicht hatte und, sich setzend, zu ihr hinübersah, worauf sie mit freundlich erstauntem Lächeln dankte, das heißt: ihren Kopf mehr vorschob als neigte. Er quittierte mit einer Verbeugung.«

Auch wir verneigen uns vor unserem von galanterieernen Koterien als »großbürgerlich« geschmähten Gönner und Veredler und begeben uns an einen ganz feinen russischen Tisch, den Spieltisch im Hause des Fürsten Oblonskij, des Gastgebers der Entourage von Madame Anna Karenina.

Am Tisch sitzt die »entzückende und geheimnisvolle« Prinzessin Kitty Schtscherbazkaja, und daneben steht der Gutsherr Konstantin Dmitrijewitsch Lewin, im Begriffe, ihr den zweiten Heiratsantrag zu machen. Den ersten hatte er versiebt, und zwar so gründlich, daß man berechtigt ist, von einer Lektion zu sprechen, die Tolstoi dem Trottel erteilen mußte, der da glaubte, die feingliedrige Tochter des Fürsten Schtscherbazkij nach circa zehn Minuten Schlittschuhlaufens und einem aufgehobenen Taschentuch mit einem Heiratsantrag molestieren zu können. Und auch noch mit solch einem »Ich wollte Ihnen sagen ... wollte Ihnen sagen ... bin nur deshalb gekommen, um ... wollen Sie meine Frau werden?«

Das Strafmaß wurde auf vierhundertsechzehn Seiten festgesetzt; und keine Seite eher steckt Kitty ihre »hübschen Beine« unter den aufgeklappten Spieltisch, ergreift ihre kleine Hand ein Stück Kreide und beginnt, »auf das grüne Tuch Kreise zu malen«, Lewin hat seine Lektion gelernt und den Wortlaut der Absage nicht vergessen. Vorsichtig fragt er, ob ihr damaliges »Das kann nicht sein« heißen sollte: niemals? Die Frage aber spricht er nicht einmal aus, sondern nimmt die Kreide und schreibt die Anfangsbuchstaben seiner Worte auf das grüne Tuch des Spieltischs. Sie errät sie bald, errötet, er wischt schnell alles wieder ab, sie nimmt die Kreide und antwortet: »D. k. i. n. a. a.!« Auch er begreift, dann fragen seine Augen: »nur damals?« Die ihren lächeln bestätigend, sodann schreibt sie, was sie sich »von Herzen wünsche«: »D. S. v. u. v. k., w. g. i.!«. Daraufhin bricht er vor Aufregung die Kreide durch: »I. h. n. z. v. u. z. v.; i. h. n. a., S. z. l.« Sie flüstert: »Ich habe verstanden«, und das reizende Spiel geht so fort bis zu guter Letzt: »Dann schrieb er noch drei weitere Buchstaben, doch bevor er fertig war, hatte sie, seiner Hand folgend, schon alles verstanden und die Antwort ›ja‹ hingeschrieben.«

(Anm. d. Verf.: Den aufmerksamen und gelehrigen Lesern meiner kleinen Betrachtung mag die Entschlüsselung der Buchstabenreihen zum galanten Zeitvertreib dienen; wer indessen an der leichten Übung scheitern sollte, verdient, f. d. R. s. L. u. z. b.)

DOROTHY PARKER

Der Lohn für die Lady

Lady, Lady, niemals fang
aus vollem Herz zu sprechen an.
Wähle Worte, hübsch und heiter,
flüster, was du fühlst, nicht weiter.
Zeig in der Kleidung, in der Sprach'
leicht und seicht dich wie ein Bach.
Sei so flüchtig und so kühl
wie ein Schneeflöckchen im April.
Sei so zart und sorgenfrei
wie eine Kirschblüte im Mai.
Lady, nie sollst du erwähnen,
wie sie brennen, deine Tränen.
Nie läßt er sich von der verführen,
die zeigt, sie fürchtet, zu verlieren.
Sei niemals traurig, sei gescheit,
dann hat dein Liebling für dich Zeit.
Lüge ruhig ganz ungeniert,
damit dein Wunsch auch Wahrheit wird;
und solltest du so glücklich werden –
du wärst die erste hier auf Erden.

E. W. HEINE

Die Maharani

Dreißig Jahre meines Lebens habe ich damit ver-
bracht, ein Vermögen anzuhäufen«, so sprach er eines
Tages zu sich selbst. »Ich habe alle meine Konkurren-
ten überlebt, bis auf einen: die Zeit. Was gäbe ich
dafür, wenn ich auch sie ausschalten könnte. Sie läuft
mir davon, so wie ich allen anderen davongelaufen
bin. Die Zeit in meinem Terminkalender ist keine
unendliche Gerade, sondern eine Strecke, befristet
und verdammt kurz. Da gibt es irgendwo eine Wand.«

Die Ursache dieser beunruhigenden Erkenntnis lag
in einer eigentlich belanglosen Begebenheit. Man
hatte ihm eine äußerst günstige Beteiligung angeboten, langfristig und zukunftsträchtig. »In acht bis
zehn Jahren verfügen wir hier über eine Goldgrube al-
lerersten Ranges«, sagten seine Finanzberater. Und
mit einemmal wurde ihm bewußt, daß er in zehn Jahren weit über siebzig sein würde, falls er überhaupt so
alt werden sollte. Erst letzten Monat hatten sie seinen
Assistenten zu Grabe getragen. Von den alten Mitar-
beitern der ersten Stunde lebte längst keiner mehr.

Die Einsicht, daß auf seine stets weitreichende Pla-
nung kein Verlaß mehr war, stürzte ihn in tiefe De-
pressionen. Nicht der Tod schreckte ihn, sondern die
Ungewißheit, ob zu einem bestimmten Termin noch
mit ihm zu rechnen sei. Zuverlässigkeit war der Leit-

stern seines Lebens. Nie hatte er etwas dem Zufall überlassen.

Harry Hammerschmied wäre nicht der erfolgreiche Macher gewesen, wenn er diesen chaotischen Zustand hingenommen hätte wie ein Schaf seine Schlachtung. Wir sind Sterbliche, sagte er sich. Daran läßt sich nichts ändern.

Aber muß ich mir deshalb das Gesetz des Handelns aus der Hand nehmen lassen? Setz dir selber einen Termin und steige aus! Was aber, wenn meine Lebensuhr vorher abläuft?

Noch am gleichen Tag ließ er sich in einer Schweizer Klinik für Frischzellentherapie anmelden. Dort lernte er die Gräfin Guerneri kennen, eine überzeugte Anthroposophin.

»Sehen Sie«, sagte sie, »Albert Einstein hat es sogar mathematisch bewiesen, daß Materie und Kraft, Leib und Geist, nur zwei Zustandsformen ein und derselben Sache sind. Materie läßt sich in Kraft umwandeln, und Kraft in Materie. Wenn das eine zerfällt, wird das andere frei. Nichts geht verloren. Mit unseren Leibern ist es nicht anders. Wir sterben, um neu geboren zu werden. Haben Sie schon einmal beobachtet, wie eine Raupe zum Schmetterling wird?«

»Nein«, sagte Harry Hammerschmied, dessen kostbare Zeit nie für Raupen gereicht hatte.

»Es ist nicht etwa so, daß der verpuppten Raupe Flügel wachsen. Sie löst sich in ihrem Kokon völlig auf. Wenn man ihn gewaltsam öffnet, enthält er nichts weiter als eine klebrige Flüssigkeit. Aus ihr formt sich völlig neu der Falter. Auch wir müssen verwesen, um neu zu erstehen.«

»Daran glauben Sie wirklich?« fragte Harry Hammerschmied.

»Das hat nichts mit Glauben zu tun«, sagte die Gräfin. »Das ist wissenschaftlich fundierte Erkenntnis.«

Von da an war sein Interesse an Reinkarnation und wiederholte Erdenleben geweckt. Er befaßte sich mit buddhistischen Gebetsbüchern, mit der tibetanischen Seelenwanderung und altägyptischen Wiedererweckungskulten.

Da begegnete ihm auf einem Kongreß David Golding, ein jüdischer Bankier. Belustigt stellten sie fest, daß sie, wenn auch nicht gleichzeitig, mit derselben Frau verheiratet gewesen waren. Da dergleichen natürlich verbindet, entwickelte sich ihr anfangs eher flüchtiges Gespräch zu einem mehrstündigen Gedankenaustausch. Am Ende kam der alte Golding wie alle Enkel Abrahams auf die elementaren Dinge zu sprechen, auf Gott, Geld und Vergänglichkeit. Er sagte: »Alter, Krankheit und Tod sind belanglose Randerscheinungen, so wie schlechtes Wetter während einer Wanderung. Wenn man weiß, daß man unsterblich ist, gibt es kein Ende, das man fürchten müßte.«

»Und woher nehmen Sie dieses Wissen?«

»Aus einer Begegnung.«

»Aus einer Begegnung?«

»Ja, so ist es. Ich war genauso skeptisch wie Sie, bis ich *ihr* begegnet bin.«

»Wem?«

»Der Maharani.«

»Wer ist das?«

»Radjah Madurima. Eine Brahmanin. Sie lebt in London. Sie hat mein Leben verändert. Sie müssen sie kennenlernen. Durch sie weiß ich, wer ich bin, wer ich in meinem nächsten Leben sein werde.«

»Sind Sie sich da wirklich ganz sicher?«

»Ganz und gar. Wissen Sie, ich bin mir da so sicher, daß ich mich selbst zu meinem Erben eingesetzt habe.«

»Das müssen Sie mir erklären.«

»Es ist doch ganz einfach. Da ich weiß, wie ich in meiner nächsten irdischen Existenz heißen werde, habe ich mir unter diesem Namen ein Konto auf einer Schweizer Bank eingerichtet.«

»Und wenn sich Ihre Seherin geirrt hat?«

»Ich bin alt und ohne Erben. Hat die Maharani recht, bekomme ich meine Millionen. Hat sie sich geirrt, dann bleiben sie bei der Schweizer Volksbank. Wissen Sie, daß auf Schweizer Konten Milliardenbeträge liegen, die keinem mehr gehören? Ihre Besitzer sind verstorben, ohne daß ihre Erben Kenntnis von dem Geld haben. Die Zinsen werden für soziale Belange verwandt und erfüllen somit noch über Jahrhunderte einen guten Zweck. Die Chancen stehen fifty zu fifty, und glauben Sie mir, ich bin lieber zu fünfzig Prozent an einer lukrativen Anlage beteiligt als zu hundert Prozent an einer miesen, und das hieße in meinem Fall: alles für die Erben.«

»Aber«, sagte Hammerschmied, »so wie Sie sich an

66

Ihr voriges Leben nicht mehr zu erinnern vermögen, so werden Sie auch im kommenden nichts mehr von dem jetzigen ahnen. Sie werden gar nicht wissen, daß Sie ein Bankkonto haben.«

»Auch dafür ist gesorgt. Da ich in etwa weiß, wo und wann ich geboren werde, habe ich ein alteingesessenes Anwaltsbüro damit beauftragt, mich suchen zu lassen, um mir mein Erbe auszuhändigen. Vermutlich werde ich mich dann für meinen eigenen Erbonkel halten.«

Er lachte, daß ihm die Tränen in die faltigen Augen traten. »Aber Spaß beiseite«, lachte er. »Sie müssen sie kennenlernen.«

Hammerschmied notierte sich die Adresse. »Noch eine Frau, die wir gemeinsam haben«, sagte er.

Sie erschien ihm wie ein Wesen aus einer anderen Welt. Eine Aura von Würde umgab sie. Sie übersah seine Hand, die er ihr zum Gruß entgegenstreckte, legte statt dessen ihre schmalen langen Handflächen wie zum Gebet aneinander und neigte lächelnd ihren schönen Kopf zum Willkommen. Goldene Armringe und Kettchen klingelten wie Kinderglöckchen. Über ihrem hochgestecktem Haar lag leicht wie der Morgennebel ein hauchzarter Schal. Das weiße Gewand fiel ihr bis auf die Füße, die in perlenbestickten Pantöffelchen steckten. Eine Ahnung von orientalischen Düften umgab sie. Das auffallendste an ihr waren die Augen: schwarz und tief wie Brunnen in der Wüste. Auf der Stirn trug sie den roten Fleck der Brahmanen.

Ihr Appartement war dezent modern möbliert. Nichts erinnerte an geheimnisvolle indische Rituale. Sie ließ sich auf einen niedrigen Diwan nieder und forderte ihn auf, ihr gegenüber Platz zu nehmen.

Harry Hammerschmied begann, so wie es sich gehört, ein Höflichkeitsgespräch. Er lobte das Wetter in London, die schöne Aussicht aus ihrem Fenster auf St. Paul's Cathedral.

»Bitte, reden Sie jetzt nicht«, unterbrach sie ihn. »Machen Sie es sich bequem. Ich möchte mit Ihnen schweigen, um Sie kennenzulernen. Nichts ist so beredt wie die Stille.« Er hielt den Mund. Es fiel ihm schwer. Er fühlte sich unbehaglich. Aber da waren ihre Augen. Sie betrachtete ihn, wie eine Mutter ihr Kind betrachtet, ohne falsche Höflichkeit und Verstellung. Er fühlte sich geborgen, entspannt. Jungen Vögeln im Nest muß so zumute sein.

Als er zwei Stunden später ihr Appartement verließ, hatte er das Gefühl, sich noch nie zuvor mit einem Menschen so intensiv und aufrichtig unterhalten zu haben.

»Bitte, besuchen Sie mich morgen um die gleiche Zeit«, hatte sie an der Tür zu ihm gesagt. »Manchmal geht es nicht beim ersten Mal.«

»Was bin ich Ihnen schuldig?«, hatte er gefragt, und sie hatte geantwortet: »Buddha hat gelehrt: Hast du die Gabe des Heilens, so heile! Hast du die Gabe des Sehens, nutze sie! Wenn ich mir meine Gabe bezahlen ließe, so würde ich sie verlieren.«

Als sie ihn am folgenden Tag zur verabredeten Zeit empfing, gab es bereits so etwas wie geschwisterliche Vertrautheit zwischen ihnen. Sie goß dampfenden Tee in eierschalendünne Tassen. Sie tranken schweigend miteinander. Die ganze Zeit über lagen ihre Blicke auf ihm. Schließlich sagte sie: »Es fällt mir nicht leicht, Ihr Vorleben zu analysieren. Da sind zu viele dunkle verwinkelte Wege, ein gorgonenhaftes Karma. Ohne Einblick in Ihre Vergangenheit aber bleibt mir das Kommende verschlossen. Ich muß Sie tiefer ausloten, in Schichten eindringen, die sich nur somnambul erschließen lassen. Wollen Sie das? Sind Sie bereit, mir zu folgen?«

»Ja, das bin ich«, sagte Harry Hammerschmied.

»Dann ziehen Sie sich bitte aus!«

Als er mit freiem Oberkörper zögernd innehielt, sagte sie: »Alles!«

Sie entzündete eine Kerze, ging zum Fenster und zog die Vorhänge zu. Als er alles abgelegt hatte, ließ sie ihn sich auf dem Diwan niederlegen.

»Schauen Sie mir in die Augen!«

Sie setzte sich zu ihm, legte ihre Fingerspitzen an seine Schläfen, leicht nur, wie flügelwippende Schmetterlinge. »Entspannen Sie sich. Warum wollen Sie etwas darstellen? Sei du selbst! Ja, so ist es gut...«

Die Augen fielen ihm zu. Wohlige Wärme durchströmte ihn. Da waren nur ihre Finger und ihre Stimme. »Wie leicht, wie unendlich leicht ist dein Leib. Schwebe, schwimme, treibe im Strom der Zeit, Atem der Ewigkeit, Nirwana, Attawa.«

Ihre Fingerspitzen waren den Hals hinuntergeglitten. Nun verharrten sie seitlich der Brust, dicht bei den Achselhöhlen, regungslos und doch erregend lebendig. Eine Flut von Vibrationen durchfloß ihn.

Sie flüsterte Worte, die er nicht verstand, geheimnisvolle Laute, feierlich und doch unendlich zärtlich. Als ihre Finger den Bauch erreichten, spürte er, wie das Blut in sein Glied strömte. Ruckartig im Rhythmus des schlagenden Herzens richtete es sich auf. Bevor er den Schoß mit den Händen bedecken konnte, erriet sie seine Gedanken: »Nicht bewegen!

Ganz ruhig liegen bleiben.« Dann wurde der Haarschleier über ihn gelegt. Ihr Duft umfloß ihn. Das hauchdünne Gewebe elektrisierte die Nerven seiner übererregten Haut. Der Schleier lag über seinem Gesicht, bedeckte den Bauch und endete eine Handbreit oberhalb seines Geschlechts. Als ihre Finger tiefer tasteten, hielt er den Atem an.

»Einatmen, tief einatmen! Fließe, fliege, schwebe, schwimme, schreie!«

Er konnte sich später nicht mehr erinnern, ob er wirklich geschrien hatte. Sein ganzer Leib war ein einziger Schrei. Er erlebte alle Wonnen des Fleisches, alle Ekstasen der Empfindung. Der Himmel öffnete sich. Die Sterne aller Milchstraßen stürzten auf ihn herab.

Als er wieder klar zu denken vermochte, lag er angekleidet auf dem Diwan. Die Sonne schien ins Zimmer. Heißer Tee floß belebend über seine Lippen.

»Wie fühlen Sie sich?«

»Ich habe mich nie besser gefühlt.«

»Ich glaube, ich bin Ihnen eine Erklärung schuldig«, sagte sie. »Wir leben in einer Gesellschaft, die den wahren Wert der Sexualität nicht mehr zu würdigen weiß. Für die einen ist es eine Art alltägliches Spielturnen, mehr Pflicht als Kür, für die anderen ein sündiges Ärgernis. Buddha hat gelehrt: Für den, der seine innere Mitte gefunden hat, ist Beischlaf und Gebet ein und dasselbe. Er meinte nicht das christliche Gutenachtgebet, sondern das Ganz-in-Gott-Aufgehen der alten Religionen. Dionysos war ein ekstatischer Gott. Ich mußte Sie dazu bringen, daß Sie außer sich waren. Nur so konnte ich Ihrem wahren Ich begegnen.«

»Und wer bin ich?« fragte er.

»Lassen wir Ihre Vergangenheit ruhen. Sie verhüllt sich zu Recht. Ein Karma voller Schuld und Finsternis. Ihr letztes Leben endete auf einer Galeere.«

»Und wie wird dieses enden?«

»Darüber darf ich nicht sprechen. Aber Sie werden hochbetagt und unerwartet aus dem Leben scheiden. Leicht und licht zeichnet sich jedoch Ihre reinkarnative Zukunft ab. Sie werden noch in diesem Jahrhundert das Licht des kommenden Lebens in Kentucky erblicken, und zwar... ich hoffe, das erschreckt Sie nicht, als Tochter eines Bildhauers. Man wird Sie April taufen. April Attenborough. Ein guter Start. Es liegt dann im wesentlich in Ihrer Hand, was Sie aus diesem Leben machen.«

Sie blickte in sein von Skepsis erfülltes Gesicht und fügte hinzu: »Neben dem Offensichtlichen gibt es in unserem Leben noch andere Ebenen der Wahrnehmung. Werden nicht unsere wichtigsten Entscheidungen mehr vom Gefühl diktiert als vom Verstand? Wer weiß schon, ob er den richtigen Partner heiratet oder den richtigen Beruf ergreift? So etwas weiß man nicht, das macht man intuitiv richtig.«

»Und Sie sind sich ganz sicher, mich richtig erkannt zu haben, in der kurzen Zeit?«

»Wenn es Sie beruhigt, wiederholen wir morgen die astralleibliche Examination.«

Noch dreimal legte Harry Hammerschmied alles ab, nicht nur die Kleidung, sondern auch alle Hemmungen und Zweifel. Am Ende war er ihr verfallen wie der Falter dem Licht.

Noch im gleichen Monat wurde bei der Schweizer Nationalbank in Zürich ein Konto auf den Namen April Attenborough eröffnet. Das Anwaltsbüro Bürli & Partner wurde mit der Erbschaftsangelegenheit in spe beauftragt.

Zur gleichen Zeit erfolgte in einem Genfer Anwaltsbüro die Testamentseröffnung eines italienischen Industriellen. Anwesend waren zwei Rechtsanwälte und die einzige Erbin, eine auffallend schöne Frau.

»Es war nicht leicht, Ihre Adresse ausfindig zu machen«, sagte der ältere der beiden Herren mit den grauen Schläfen. »Ich hoffe, Sie haben Ihren Ausweis dabei?«

Sie gab ihm ihren Paß. Er prüfte ihn sorgfältig.

»Ihre Geburtsurkunde? Darf ich mal sehen? Geboren in Kentucky als Tochter des Bildhauers Franklin Tom Attenborough. Sehr gut. Unterschreiben Sie bitte hier.«

»April Attenborough«, schrieb sie unter die Testamentsurkunde. Als sie die Kanzlei verließ, war sie um vierhundert Millionen Lire reicher. Zwei Erbschaften in einem Monat, beide völlig legal auf ihren Namen. Und falls es nicht ganz legal war, wen kümmerte das schon. Die Erblasser waren ausnahmslos tot oder fast tot. »Schließlich habe ich ihnen ihre Unsterblichkeit verkauft, und die hatte schon immer ihren Preis, wie jeder weiß, der die Kirchengeschichte kennt«, so sprach sie zu sich selbst und eilte ihrem nächsten Termin entgegen. Ja weiß Gott, glauben macht selig!

KURT TUCHOLSKY

Sehnsucht nach der Sehnsucht

Erst wollte ich mich dir in Sehnsucht nah'n.
Die Kette schmolz.
Ich bin doch schließlich, schließlich auch ein Mann,
Und nicht von Holz.

Der Mai ist da. Der Vogel Pirol pfeift.
Es geht was um.
Und wer sich dies und wer sich das verkneift,
Der ist schön dumm.

Und mit der Seelenfreundschaft – liebste Frau,
Hier dies Gedicht
Zeigt mir und Ihnen treffend und genau:
Es geht ja nicht.

Es geht nicht, wenn die linde Luft weht und
Die Amsel singt –
Wir brauchen alle einen roten Mund,
Der uns beschwingt.

Wir brauchen alle etwas, das das Blut
Rasch vorwärts treibt –
Es dichtet sich doch noch einmal so gut,
Wenn man beweibt.

Doch heller noch tönt meiner Leier Klang,
Wenn du versagst,
Was ich entbehrte öde Jahre lang –
Wenn du nicht magst.

So süß ist keine Liebesmelodie,
So frisch kein Bad,
So freundlich keine kleine Brust wie die,
Die man nicht hat.

Die Wirklichkeit hat es noch nie gekonnt,
Weil sie nichts hält.
Und strahlend überschleiert mir dein Blond
Die ganze Welt.

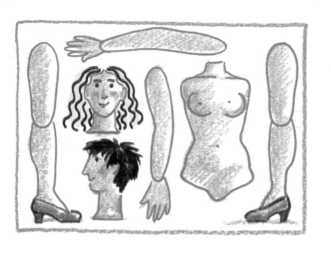

PETER ALTENBERG

Don Juan

Jeder kultivierte, feinfühlige, ernstlich gebildete Mann trägt in seiner Seele von Anbeginn ein Frauenideal! Körperlich – seelisch – geistig! So, so muß sie geformt sein, so muß sie gehen, stehen, sitzen, blikken, sprechen, schweigen! So muß sie die Wälder liebhaben, die Seen, die schönen Kinder und die aparten Tiere usw. Alles ist in seiner Seele über sie vorausgeahnt, vorausbestimmt von Geschmack und Schicksal! Siehe, aber zugleich fühlt er es vom ersten Augenblicke seiner edlen Jünglingsjahre an, daß dieses sein Ideal nicht existiere. Jedenfalls kann er nicht so lange warten, bis es ihm endlich erscheint! Da begnügt er sich denn mit Teilen seines ursprünglichen Ideals, quasi mit kleinen abgerissenen Fetzen desselben, die eine hat das, die andere hat jenes, was ihn momentan teilweise beglücken, nein, berauschen kann, aber alles zusammen in einer Holdesten vereinigt, wäre erst seine wirkliche Erlösung, sein bleibendes Glück, sein Friede! Don Juan ist also der natürliche Idealist, der sein eigenes, in ihm verborgen ewig thronendes Frauenideal in Stücke zerteilt und jedes einzelne Stück zu genießen versucht, ohne es selbstverständlich zu können! Denn Gott wünscht die ewige Sehnsucht nach dem »Vollkommenen« und hat es den Menschen in die leidende Seele gelegt! Geschäftchen machen ohne Risiko ist des Teufels. Don Juan fährt stets zur Hölle! Zur eigenen nämlich!

BERNHARD LASSAHN

Rolltreppenfahren

Du bist schon längst eingeschlafen. Und ich kriege immer noch keine Ruhe. Herzklopfen. Also gut, ich laß dir Vorsprung, schlaf dann aber gleich ein, überhol dich noch und werde vor dir aufwachen. Und wenn du dann wieder halb im Schlaf fragst: Was ist denn überhaupt für'n Wetter? Dann kann ich sagen: Du, ich hab auch noch nicht rausgeguckt, aber ich war schon unter der Dusche, und da hats unheimlich geregnet.

Heute war mir den ganzen Tag, als hätte ich Turnschuhe an. Wir haben feierlich mit einer Zigarette die andere angezündet, wie ein Ankoppelungsmanöver im All. Nicht weil wir keine Streichhölzer hätten, sondern wegen der Glutübertragung. Dann haben wir uns fest versprochen, ab jetzt nie mehr zu rauchen, und haben mit den Zahnstochern Mikado gespielt, und ich hab immer gewonnen, das heißt: Es kam mir jedenfalls so vor.

Ich versuche mal, parallel zu dir Luft zu holen und mich mit dir zu synchronisieren. Wir haben heute das kleine Ruderboot gesehen, das ausgerechnet Lulu heißt, und haben festgestellt, daß es acht Monate her ist, seit wir uns zum erstenmal umarmt haben. Aber natürlich hatten wir damals nicht mit solchen Langzeitwirkungen gerechnet. Ich mußte mich so beherrschen, weil du »All my loving« den ganzen Tag falsch gesungen hast, außerdem heißt es »tomorrow I'll miss you« und nicht »tomorrow I'll kiss you«. Aber das ist wie mit deinen Sonderangeboten oder bei dem Mistwetter, als du den Vorschlag gemacht hast, man könnte doch einen Regenspaziergang machen. Oder wenn du beim Baden klassische Musik hören willst. Oder wenn ich Kinderfotos von dir sehe. Dann möchte ich dich nie mehr beleidigen und denke, ich müßte mal wieder in aller Sorgfalt was Unnützes tun und kleine Bilder malen, im Format DIN-A8.

Und das Beste waren heute wieder unsre Rolltreppenfahrten. Du hast nämlich Verständnis dafür, daß ich sofort die Gegenrolltreppe wieder runter will und dann wieder hoch undsoweiter undsoweiter ... Du bist auch so eine, die es nicht übers Herz bringt, Schokoladenosterhasen zu schlachten, und läßt die jahrelang im hintersten Winkel des Küchenschrankes überleben. Du findest es viel zu brutal, Frühstückseiern den Kopf abzuschlagen. Du bist auch so eine, die Suhrkamptaschenbücher nach Farben ordnet. Jedenfalls kann man mit dir rolltreppenfahren. Ich verstehe auch gar nicht, wieso die andern immer nur zusammen schlafen wollen und nie rolltreppenfahren.

Ich mag beim Rolltreppenfahren beide Stellungen gleich gerne. Wenn ich eine Stufe höher stehe, kannst du den Kopf an meine Brust anlegen, und ich kann deine Haare streicheln und dich von oben sehen. Was nur sehr wenige Leute zu sehen kriegen! Aber die machen sich auch einfach nicht die Mühe. Die Stellung »Eine Stufe höher« gibt einem so ein kleines

Machtgefühlchen, aber nur ein kleines. Etwa so, als wenn man mit der Ferse den Abfluß von der Badewanne zuhält und die Machtposition des Stöpsels übernimmt. Oder wie damals, als wir mit einer kleinen Fingerbewegung auf der ganzen Etage Licht an- und aus- und an- und ausgeknipst haben. Nur ein kleines Überlegenheitsgefühlchen. Ich habe natürlich wieder mal zu kräftig deinen Kopf an mich gedrückt, weil ich mich schlecht beherrschen kann, aber Rolltreppen sind schon eine sehr zartfühlende Einrichtung, wenn auch die meisten Leute noch nicht richtig damit umgehen.

Die andere Stellung mag ich auch sehr gerne: wenn du eine Stufe höher stehst, und ich kann dich an den Hüften halten und den Kopf an dich lehnen, als ob ich sozusagen mein müdes Haupt an deine Brust lege. Das ist sehr zu empfehlen, auch in der Dickenwintermantelzeit (vom 23. 9. bis 12. 3.). Wir werden noch mal ein Buch herausgeben mit neuen Stellungen und Lagen, und das wird ein Bestseller. Ein Buch mit vielen Fotos und ganz neuen Praktiken.

Natalie Babbitt

Eine überaus hübsche Dame

Es war einmal eine überaus hübsche Dame, die lebte ganz für sich allein. Dafür gab es eigentlich keinen Grund, denn sie war so hübsch, daß viele junge Männer sie nur zu gern geheiratet hätten. Sie lungerten in ihrem Vorgarten herum, spielten Gitarre, sangen liebliche Lieder und spähten durch die Fenster, um einen Blick von ihr zu erhaschen. Vom Morgengrauen bis in die Abenddämmerung waren sie so zugange, immer melancholisch, immer hoffnungsvoll. Doch die überaus hübsche Dame erhörte keinen von ihnen.

»Es führt zu nichts, wenn man nur seines Aussehens wegen geliebt wird«, sagte sie sich. »Wenn ich keinen finde, der mich um meiner selbst willen liebt, werde ich überhaupt nicht heiraten.«

Das war zweifellos sehr klug, doch niemand ist immerfort klug. In Wahrheit nämlich gefiel es der überaus hübschen Dame nicht schlecht, daß sie hübsch war, und so manches Mal stand sie vor dem Spiegel und bewunderte sich. In solchen Augenblicken war sie durchaus mit sich zufrieden. Dann trat sie hinaus in den Vorgarten und unterhielt sich mit den jungen Männern, ließ sich von ihnen zum Markt begleiten, und sie durften ihre Pakete und Einkaufsbeutel nach Hause tragen. Noch lange Zeit danach sah man die jungen Männer deutlich hoffnungsvoller und entsprechend weniger melancholisch.

Doch die meiste Zeit blieb die überaus hübsche Dame in ihrem Häuschen, fühlte sich, ungeachtet all der jungen Männer im Vorgarten, einsam und sehnte sich nach jemandem, der sie so lieben würde, wie sie geliebt sein wollte.

Nach einer Weile erfuhr, wie auch immer, der Teufel von der überaus hübschen Dame, und er kam zu dem Schluß, daß sie genau das sei, was ihm fehlte, um ein wenig Licht in sein Höllendasein zu bringen. Also packte er eine Reisetasche mit allem, was er brauchte, um sich zu verkleiden, und spazierte hinauf, um sie sich anzuschauen.

Er hatte davon gehört, wie überaus hübsch sie war, doch niemand hatte ihm berichtet, daß sie keinen in ihr Häuschen ließ. Er kam als Bettler verkleidet, doch sie öffnete ihm nicht die Tür. Er versuchte es als Prediger und dann gar als König, doch auch das funktionierte nicht. So verkleidete er sich schließlich als einer ihrer Freier und lungerte, wie sie, in Erwartung des Markttages in ihrem Vorgarten herum.

Als die hübsche Dame endlich heraustrat, wich der Teufel während des ganzen Weges zur Stadt nicht von ihrer Seite, blickte sie immerzu an und trug auf dem Rückweg das schwerste Paket. Als sie wieder in ihrem Häuschen verschwunden war, stand seine Entscheidung fest: Sie war tatsächlich genau das, was ihm in der Hölle fehlte, und er hatte lange genug auf sie gewartet.

Als die Nacht anbrach und die so melancholischen wie hoffnungsvollen jungen Männer nach Hause gegangen waren, warf der Teufel seine Verkleidung ab und wünschte sich in einem Gepaff aus rotem Rauch und mit Donnerschlag ins Schlafgemach der hübschen Dame. Die erwachte sofort, und als sie ihn sah, schrie sie auf.

»Erschrick nicht!« sagte der Teufel ruhig. »Ich bin's nur. Ich bin gekommen, um dich mit in die Hölle zu nehmen.«

»Niemals!« schrie die hübsche Dame. »Ich werde nicht gehen, und es gibt nichts, womit Ihr mich zwingen könntet.«

»Stimmt«, sagte der Teufel, »es gibt nichts, womit ich dich zwingen könnte. Du mußt aus eigenem freien Willen kommen, wenn du vor deiner Zeit kommst. Doch es wird dir dort unten sehr gefallen – du wirst die Hübscheste von allen sein.«

»Das bin ich hier auch schon, wozu immer das gut sein mag«, sagte die hübsche Dame. »Warum sollte ich weggehen, nur um es anderswo genauso zu haben?«

»Ah«, sagte der Teufel, »aber in der Hölle wird deine Schönheit immer und ewig bestehen, während sie hier nur schwinden kann.«

Jetzt geriet die hübsche Dame zum ersten Mal in Versuchung, und der Teufel wußte das. Er nahm einen Spiegel von ihrer Frisierkommode und hielt ihn ihr vors Gesicht, so daß sie sich betrachten konnte.

»Wäre es nicht eine Schande«, schmeichelte er, »ein so hübsches Gesicht vergehen zu lassen? Wenn du hier bleibst, hält es vielleicht noch fünfzehn oder

zwanzig Jahre, doch in der Hölle gibt es keine Zeit. Dort wirst du immer so aussehen wie jetzt, bis dereinst die Sterne stürzen und ein neuer Weltenplan erdacht wird, was, wie wir alle wissen, nie geschehen wird.«

Die hübsche Dame betrachtete sich im Spiegel und

spürte, wie so manches Mal zuvor, daß es zweifellos nicht unangenehm war, hübsch zu sein; doch gerade noch im rechten Augenblick entsann sie sich dessen, was sie eigentlich wollte.

»Seid ehrlich!« sagte sie. »Gibt es in der Hölle die Liebe?«

»Die Liebe?« sagte der Teufel mit Schaudern. »Was sollten wir wohl *damit*?«

»Wenn es so ist«, sagte die hübsche Dame und stieß den Spiegel zurück, »werde ich niemals mit Euch gehen, und wenn Ihr hundert Jahre darum bettelt, es wird Euch nichts nutzen.«

Da wurde der Teufel sehr zornig, und seine Augen funkelten wie glühende Kohlen.

»Ist das dein letztes Wort?« wollte er wissen.

»Das ist mein letztes Wort«, antwortete sie.

»Also gut!« sagte er. »Ich kann dich nicht gegen deinen Willen mitnehmen, das ist wahr. Doch ich kann deine Schönheit mitnehmen. Das kann ich, und das werde ich.«

Es ertönte wieder ein Donnerschlag, und der Teufel verschwand in einer Rauchwolke. Er fuhr geradewegs hinab in die Hölle und nahm die Schönheit der hübschen Dame mit und heftete sie in kleinen Stücken an die Wände seines Thronsaals, den sie ihm, funkelnd und glitzernd, fortan aufs netteste erhellte.

Nach ein paar Jahren jedoch packte den Teufel die Neugier, und er begab sich hinauf, um zu sehen, wie es der Dame erging. Er erreichte ihr Häuschen in der Abenddämmerung und spähte durchs Fenster. Da war sie, häßlich wie ein alter Stiefel, und aß zu Abend. Doch Kerzen erleuchteten den Tisch, und sie war nicht mehr allein. Bei ihr saß ein junger Mann, der ebenso häßlich war wie sie, und in einer Wiege neben dem Stuhl lag ein überaus häßliches Baby. Doch das Merkwürdige war, daß um den Tisch herum soviel Liebe herrschte, daß der Teufel zurückwich, als hätte ihm jemand einen Schlag versetzt.

»Hmpf!« sagte der Teufel zu sich. »Das werde ich nie verstehen, nicht in Billionen von Jahren.«

Wütend kehrte er in die Hölle zurück, riß alle Schönheit der Dame von den Wänden seines Thronsaals und warf sie weg. Und die Schönheit schwebte hinauf aus der Hölle in eine dunkle Ecke des Himmels, wo sie sich, viel nutzbringender, in einen neuen Stern verwandelte.

Frauen waren jahrhundertelang ein Vergrößerungsspiegel, der es den Männern ermöglichte, sich selbst in voller Lebensgröße zu sehen.

Virginia Wolf

Robert Gernhardt

Geständnis

Ich habe ein großes Gefühl für dich.

Wenn ich an dich denke,
gibt es mir einen Schlag.
Wenn ich dich höre,
gibt es mir einen Stoß.
Wenn ich dich sehe,
gibt es mir einen Stich:
Ich habe ein großes Gefühl für dich.

Soll ich es dir vorbeibringen,
oder willst du es abholen?

ELFRIEDE HAMMERL

Die wahre Liebe

Würdest du mich auch lieben, wenn ich arm wäre?

Wenn ich dumm wäre?

Wenn ich potthäßlich, saugrob, ohne Einfluß, ungebildet und witzlos wäre?

Du liebst mich doch nur wegen meiner üppigen Gestalt, gib es zu.

Aber liebtest du mich auch, wenn ich als Frankensteins Tochter durch die Szene geisterte?

Ja?

Na sag mal. Liebst du denn alles, was auf zwei Haxen daherkommt?

Also wirklich.

Also wirklich, ich werde dich auf die Probe stellen. Morgen verkaufe ich das Wochenendhaus, lasse den Zweitwagen abschleppen, breche alle gesellschaftlichen Verbindungen ab und entführe dich in einen Leuchtturm, wo ich mürrisch als Schlampe die Treppe rauf und runter schlurfe, auf deine allfälligen Fragen nur noch einfältig antwortend. Dann werden wir ja sehen.

Dann werden wir ja sehen, ob du mich wirklich liebst. Ich habe nämlich den Verdacht, daß du in Wahrheit scharf bist auf unser vergnügliches Leben. Daß du dich in meinen Erfolgen sonnst. Daß du mich magst, weil ich deinen ausgefallenen Musikgeschmack teile. Daß du stolz auf mich bist, weil ich weiß, wer die Ars amatoria geschrieben hat, was der Dow-Jones-Index ist und wie man Artischocken verzehrt. Und daß du mich begehrst, weil ich nach Shalimar dufte.

Ich will aber, daß du mich auch begehrst, wenn ich nach altem Schweiß stinke, und daß du stolz auf mich bist, egal, ob ich die Apo für einen Fußballclub halte oder für einen römischen Gott.

Ich will, daß du mich um meiner selbst willen liebst.

Zwar wundere ich mich ja auch, daß mein Selbst eine mürrische Schlampe sein soll, die bei Tisch rülpst und von nichts eine Ahnung hat, aber die Tradition verlangt, daß das wahre Ich, dem die wahre Liebe gilt, sich quasi nackt präsentiert, aller möglichen Attraktionen entkleidet.

Lägen andernfalls wohlhabende Männer von Rang nächtens wach und grübelten, ob das tolle Weib an ihrer Seite auch an ihrer Seite schlummerte, wenn sie nicht der bekannte Industrielle, sondern Hausdiener im »Hotel zur schmuddeligen Gans« wären?

Beklagten umschwärmte Frauen sonst den Fluch ihrer Schönheit, der es ihnen verwehre zu erkennen, ob ein Mann ihnen ernsthaft zugeneigt sei?

Erstaunlicherweise macht nämlich all das, was einen bestimmten Menschen unter normalen Umständen ausmacht, nie den Menschen aus, dem die echte, rechte, wirkliche Liebe gelten soll.

Mein Verstand, meine Tüchtigkeit, mein Aussehen und mein eventueller Charme zählen im Berufsleben und auf Gartenfesten, aber für dich, mein Schätzchen, haben sie nicht zu zählen.

In punkto echter, rechter Liebe möchte ich auf Nummer Sicher gehen. Die soll mir unter allen Umständen erhalten bleiben. Deshalb weigere ich mich, sie auf bestimmte Umstände zurückzuführen, das heißt, sie von bestimmten Umständen abhängig zu machen.

Ich mache mir genügend Umstände, um Geld zu verdienen und mich in der Welt zu behaupten, da will ich mir nicht auch noch Umstände machen, um mich in deinem Herzen zu behaupten; ich will deine Zuneigung nicht verdienen, ich will sie auf jeden Fall und einfach so.

Liebe mich, mein Schatz, blindlings und immerzu, unbekümmert darum, ob ich mich vielleicht zum Monster wandle oder als Feigling entpuppe. Wenn du von mir läßt, weil ich daheim nicht halte, was ich als Partylöwin versprochen habe, nämlich einen Hang zu geistreichen Gesprächen, dann bist du ein oberflächliches Charakterschwein, das tiefer und untadeliger Gefühle nicht fähig ist.

Liebe mich nicht bloß als die, die ich bin, sondern zudem als die, die ich sein könnte, respektive eventuell nicht sein könnte.

Auch ich liebe dich schließlich nicht wegen deiner Klugheit, für deine strahlenden Augen und um deiner herzensbrecherischen Einfühlsamkeit willen.

Ich lege keinen Wert auf deine Vorzüge.

Ich lege keinen Wert auf dich als unverwechselbares Individuum.

Ich liebe dich, wer und was du auch sein magst.

Das ist sehr praktisch. Das macht es mir möglich, dich jederzeit zu ersetzen, denn irgendeiner, der nichts weiß, nichts kann, nichts hat und trotzdem geliebt werden will, findet sich zur Not immer.

Alle Aphorismen über Frauen sind notgedrungen boshaft. Um das gute an den Frauen zu schildern, benötigt man viele Seiten.

André Maurois

FRANZISKA ZU REVENTLOW
Eine irdische Frau

Also auch Sie, Brutus – neigen zu eifersüchtigen Betrachtungen, wenn Sie des fremden Mannes gedenken. Wie dumm von Ihnen – Verzeihung für das harte Wort, aber ich bin so daran gewöhnt, daß Sie immer intelligent sind.

Vielleicht kann ich auch darüber nicht mitreden, ich habe kein oder sehr wenig Organ für Eifersucht – das ist mir schon häufig wie ein schwerer Defekt vorgehalten worden.

»Dann haben Sie noch nie wirklich geliebt« – wie oft habe ich das zu hören bekommen – und nichts darauf geantwortet. A quoi bon? – Das weiß doch nur Gott allein.

Richtiger gesagt wäre wohl: nie lange genug geliebt.

Für mich dauert jede Liebe, auch die ganz ernsthafte, nur so lange, wie ich eben die stärkste Attraktion für den in Frage kommenden Mann bin. Dann hört sie ganz von selbst auf. Und daß er meine Hauptattraktion war, ist immer schon vorher zu Ende gewesen.

Auch habe ich nie das Verlangen gehabt, einen Menschen ganz zu »besitzen« oder ihn über Gebühr festzuhalten. Dazu ist das Leben zu kurz. Und wer mich festhalten wollte – es kam hier und da vor –, ist niemals sehr zufrieden mit dem Erfolg gewesen.

Meine Unbeständigkeit ist also eigentlich ein schöner und altruistischer Zug, es macht mir gar kein Vergnügen, anderen Leiden zu verursachen.

Ebenso wenig gereicht es mir zur Freude, wenn man mich mit Eifersucht plagt, ich habe nie recht begriffen, warum die Menschheit diese unangenehmen Emotionen so kultiviert.

Treue ist vielleicht eine besondere Begabung, ein Talent. Wie kann man Talente von jemand verlangen, der sie nicht hat? Aber ich meine, es läßt sich durch Takt und Diskretion ersetzen.

Es ist doch jedesmal etwas anderes, was uns zu den verschiedenen Menschen hinzieht: Der fremde Mann ist tiefe Sensation ohne Gemütsbeteiligung – ein anderer geht ans Herz und weckt wahres Gefühl – ein junger Knabe lockt uns zu einem romantischen Frühlingserlebnis – dann gibt es wieder jemand, mit dem man sich nur amüsiert, oder es läuft zufällig und geschwind irgendein heiteres Abenteuer über den Weg ... Doktor, ich kann Ihnen beim besten Willen nicht alle die vielen bunten Möglichkeiten an den Fingern herzählen, aber Sie werden zugeben, daß sie sich schwerlich in einem einzelnen Menschen beisammenfinden. Und im Leben lassen sie sich auch nicht so hübsch der Reihe nach anordnen. Es gerät immer alles durcheinander.

Sie haben mir einmal einen Vortrag über »typische Erlebnisse« gehalten. Ich glaube, der andere, die anderen sind von jeher mein typisches Erlebnis gewesen. Und deshalb kam ich nie dazu, einem treu zu

bleiben. Schon allein der fremde Mann hat es auch in den stabilsten Zeiten unmöglich gemacht.

Ein harmloses Beispiel:

A... holt mich ab, zu irgendeiner Unternehmung. B..., der mich auch abholen will, kommt dazu. Wir gehen also alle drei miteinander. Zu merken: Ich stehe beiden noch ganz unbescholten gegenüber. – In bezug auf A... habe ich meine Vermutungen – er lädt mich denn auch auf übermorgen ein, aber es interessiert mich einstweilen noch nicht besonders. B... begleitet mich heim – ich habe gar keine Vorahnungen, aber es folgt »une de ces heures« und so weiter... und dann natürlich auch eine Verabredung auf über-übermorgen.

Der Abend mit A... geht in Szene und endigt schicksalsvoll, wir verlieben uns heftig und auf Dauersache. Ich fühle auch gar kein Verlangen, ihn gleich von vornherein zu hintergehen, aber ich habe B... auch sehr gerne und würde es ungerecht finden, ihn nun umgehend wieder zu versetzen. Wie peinlich außerdem, ihm beim ersten Rendezvous zu sagen: Ich habe mich gestern in A... verliebt – leben Sie wohl!

Am meisten Kopfzerbrechen hat mir die Frage gemacht, welcher von ihnen nun eigentlich der andere war.

Und das ist immerhin noch ein einfacher Fall, die Sache kann auch komplizierter liegen.

Nein, guter Freund, es ist, weiß Gott, nicht immer leicht, seinen »erotischen Verpflichtungen« nachzukommen. Monogamie und Treue sind sicher eine große Vereinfachung des »Problems«.

Sie möchten wissen, was es mit der irdischen und himmlischen Liebe für eine Bewandtnis hat. Es ist eine häufige Erscheinung – ich kenne mehr wie einen Mann, in dessen Liebesleben diese sinnige und zweckmäßige Zweiteilung eine Rolle spielt. Ob sie auch bei Frauen vorkommt, weiß ich nicht. Von

Frauen weiß man überhaupt sehr wenig, wenn man selber eine ist.

Die himmlische ist natürlich ein »Wesen«, das weit über allen anderen steht und das er aus irgendwelchen Gründen nicht in realere Sphären hinabziehen kann oder will – so etwa, was man eine Lichtgestalt nennt. Es gehört dazu, daß sie für ihn und sein irdisches Treiben die nötige Auffassung hat, er darf schuldbeladen zu ihr kommen und fühlt sich durch ihr Verstehen entsühnt. Das haben ja manche Männer gern.

Die irdische ist – nun, einfach eine Frau, mit der man intim liiert ist. Vor allem muß sie einer Bedingung entsprechen: Sie darf ihn nicht ganz für sich haben wollen und nicht neugierig auf die himmlische sein.

Es ist auch überflüssig, denn er ist manchmal innerlich zerrissen, und dann erzählt er aus eigenem Antrieb von ihr. Man tut am besten, ergriffen zu schweigen.

Die irdische Liebe kann natürlich wechseln, die himmlische bleibt im allgemeinen dieselbe. Ich bin, soweit ich mich erinnern kann, immer nur die irdische gewesen.

Man hat mir erzählt, daß die irdische manchmal sehr böse wird, weil die andere ihm in seelischer Beziehung mehr bedeutet. Ach du liebe Zeit, seelische Eifersucht ist nun vollends nicht meine Sache. Man lasse doch seine Seele unvermählt! – Im Gegenteil, man denkt nicht ohne Vergnügen, die himmlische hätte allen Grund, eifersüchtig zu sein. Sie ist es auch gewiß.

Die himmlische Liebe ist meistens eine verheiratete Frau. Entweder ist sie mit ihrem Mann nicht glücklich geworden und hat dann erst den anderen kennengelernt. Oder sie kannten und liebten sich schon vorher, und aus einem oder dem anderen zwingenden Grunde hat sie ihn nicht geheiratet. Die beste Konstellation ist, wenn sie sich erst zu spät darüber klar wurden, daß sie füreinander geschaffen waren – überhaupt irgendein unseliges: zu spät, das nun seinen Schatten auf beider Leben wirft.

Manchmal – seltener – ist es auch ein junges Mädchen, das er später einmal heiraten will.

Die mit der himmlischen Liebe sind also eigentlich die monogamen Männer oder solche, die es werden möchten.

Sie vertiefen sich mit großem Interesse in das Leben der unmonogamen Frau und zittern in dem Gedanken, die himmlische Liebe könne auch einmal ähnlich empfinden.

Teurer Freund, ich renommiere gerne damit, daß man mich niemals versetzt hat, aber bei dieser Gelegenheit fällt mir aufs Herz, daß mein blanker Schild doch wohl einen Flecken aufzuweisen hat. Einmal – ja, einmal hat eine himmlische Liebe mich zu Fall gebracht. Sie war zu stark, und er fühlte sich dem Zwiespalt nicht mehr gewachsen, konnte mir nicht länger angehören, weil er immer an diese Frau dachte, die ihm nie angehören würde.

Das teilte er mir sehr betrübt mit, und für mein einfaches Gemüt war es entschieden zu kompliziert. Ich gab mir alle Mühe, es tragisch zu nehmen, denn ich hatte ihn sehr gerne gehabt, aber ich empfand im Grunde doch nur etwas Ähnliches wie: Guter Junge! es regnet! – Und als ich ihn nach einiger Zeit wiedersah, konnte ich ihn nicht mehr ausstehen, er fiel mir nur noch auf die Nerven. – Halten Sie es für möglich, daß das am Ende doch Eifersucht war?

Jede Frau folgt dem Mann, wohin sie will.

Monika Peitsch

STEFAN ZWEIG

Vergessene Träume

Die Villa lag hart am Meer.

In den stillen, dämmerreichen Piniengängen atmete die satte Kraft der salzhaltigen Seeluft, und eine leichte, beständige Brise spielte um die Orangenbäume und streifte hie und da, wie mit vorsichtigen Fingern, eine farbenbunte Blüte herab. Die sonnenumglänzten Fernen, Hügel, aus denen zierliche Häuser wie weiße Perlen hervorblitzten, ein meilenweiter Leuchtturm, der einer Kerze gleich steil emporschoß, alles schimmerte in scharfen, abgegrenzten Konturen und war, ein leuchtendes Mosaik, in den tiefblauen Azur des Äthers eingesenkt. Das Meer, in das nur selten weit, weit in der Ferne, weiße Funken fielen, die schimmernden Segel von einsamen Schiffen, schmiegte sich mit der beweglichen Weise seiner Wogen an die Stufenterrasse an, von der sich die Villa erhob, um immer tiefer in das Grün eines weiten, schattendunklen Gartens zu steigen und sich dort in dem müden, märchenstillen Park zu verlieren.

Von dem schlafenden Hause, auf dem die Vormittagshitze lastete, lief ein schmaler, kiesbedeckter Weg wie eine weiße Linie zu dem kühlen Aussichtspunkte, unter dem die Wogen in wilden, unaufhörlichen Anstürmen grollten und hie und da schimmernde Wasseratome heraufstäubten, die beim grellen Sonnenlichte im regenbogenfunkelnden Glanz von Diamanten prahlten. Dort brachen sich die leuchtenden Sonnenpfeile teils an den Pinienwichseln, die dicht beisammen wie im vertrauten Gespräche standen, teils hielt sie ein weitausgespannter japanischer Schirm ab, auf dem lustige Gestalten mit scharfen, unangenehmen Farben festgehalten waren.

Innerhalb des Schattenbereiches dieses Schirmes lehnte in einem weichen Strohfauteuil eine Frauengestalt, die ihre schönen Formen wohlig in das nachgiebige Geflecht schmiegte. Die eine schmale, unberingte Hand hing wie vergessen herab und spielte mit leisem, behaglichem Schmeicheln in dem glitzernden Seidenfell eines Hundes, während die andere ein Buch hielt, auf das die dunklen, schwarzbewimperten Augen, in denen es wie ein verhaltenes Lächeln lag, ihre ununterbrochene Aufmerksamkeit konzentrierten. Es waren große, unruhige Augen, deren Schönheit noch ein matter verschleierter Glanz erhöhte. Überhaupt war die starke, anziehende Wirkung, die das ovale, scharfgeschnittene Gesicht ausübte, keine natürliche, einheitliche, sondern ein raffiniertes Hervorstechen einzelner Detailschönheiten, die mit besorgter, feinfühliger Koketterie gepflegt waren. Das anscheinend regellose Wirrnis der duftenden, schimmernden Locken war die mühevolle Konstruktion einer Künstlerin, und auch das leise Lächeln, das während des Lesens die Lippen umzitterte und dabei den weißen, blanken Schmelz der Zähne entblößte, war das Resultat einer mehrjährigen Spiegelprobe,

aber jetzt schon zur festen, unablegbaren Gewohnheitskunst geworden.

Ein leises Knistern im Sande.

Sie sieht hin, ohne ihre Stellung zu ändern, wie eine Katze, die im blendenden warmflutenden Sonnenlichte gebadet liegt und nur träge mit phosphoreszierenden Augen dem Kommenden entgegenblinzelt.

Die Schritte kommen rasch näher, und ein livrierter Diener steht vor ihr, um ihr eine schmale Visitenkarte zu überreichen und dann ein wenig wartend zurückzutreten.

Sie liest den Namen mit dem Ausdrucke der Überraschung in den Zügen, den man hat, wenn man auf der Straße von einem Unbekannten in familiärster Weise begrüßt wird. Einen Augenblick graben sich kleine Falten oberhalb der scharfen, schwarzen Augenbrauen ein, die das angestrengte Nachdenken markieren, und dann plötzlich spielt ein fröhlicher Schimmer um das ganze Gesicht, die Augen blitzen in übermütiger Helligkeit, wie sie an längst verflogene, ganz und gar vergangene Jugendtage denkt, deren lichte Bilder der Name in ihr neu erweckt hat. Gestalten und Träume gewinnen wieder feste Formen und werden klar wie die Wirklichkeit.

»Ach so«, erinnerte sie sich plötzlich zum Diener gewandt, »der Herr möchte natürlich vorsprechen.«

Der Diener ging mit leisen devoten Schritten. Eine Minute war diese Stille, nur der nimmermüde Wind sang leise in den Gipfeln, die voll schweren Mittagsgoldes hingen.

Und dann plötzlich elastische Schritte, die energisch auf dem Kieswege hallten, ein langer Schatten, der bis zu ihren Füßen lief, und eine hohe Männergestalt stand vor ihr, die sich lebhaft von ihrem schwellenden Sitze erhoben hatte.

Zuerst begegneten sich ihre Augen. Er überflog mit einem raschen Blicke die Eleganz der Gestalt, während ihr leises ironisches Lächeln auch in den Augen aufleuchtete.

»Es ist wirklich lieb von Ihnen, daß Sie noch an mich gedacht haben«, begann sie, indem sie ihm die schmalschimmernde, feingepflegte Hand hinstreckte, die er ehrfürchtig mit den Lippen berührte.

»Gnädige Frau, ich will ehrlich mit Ihnen sein, weil dies ein Wiedersehen ist seit Jahren und auch, wie ich fürchte, – für lange Jahre. Es ist mehr ein Zufall, daß ich hierher gekommen bin, der Name des Besitzers dieses Schlosses, nach dem ich mich wegen seiner herrlichen Lage erkundigte, rief mir Ihre Gestalt wieder in den Sinn. So bin ich denn eigentlich als ein Schuldbewußter da.«

»Darum aber nicht minder willkommen, denn auch ich konnte mich nicht im ersten Moment an Ihre Existenz erinnern, obwohl sie einmal für mich ziemlich bedeutsam war.«

Jetzt lächelten beide. Der süße leichte Duft der ersten halbverschwiegenen Jugendliebe war mit seiner ganzen berauschenden Süßigkeit in ihnen erwacht wie ein Traum, über den man beim Erwachen verächtlich die Lippen verzieht, obwohl man wünscht, ihn noch einmal nur zu träumen, zu leben. Der schöne Traum der Halbheit, die nur wünscht und nicht zu fordern wagt, die nur verspricht und nicht gibt. –

Sie sprachen weiter. Aber es lag schon eine Herzlichkeit in den Stimmen, eine zärtliche Vertraulichkeit, wie sie nur ein so rosiges, schon halbverblaßtes Geheimnis gewähren kann. Mit leisen Worten, in die hie und da ein fröhliches Lachen seine rollenden Perlen warf, sprachen sie von vergangenen Dingen, von vergessenen Gedichten, verwelkten Blumen, verlorenen und vernichteten Schleifen, kleinen Liebeszeichen, die sie sich in der kleinen Stadt, in der sie damals ihre Jugend verbrachten, gegenseitig gegeben. Die alten Geschichten, die wie verschollene Sagen in ihren Herzen langverstummte, stauberstickte Glokken rührten, wurden langsam, ganz langsam von einer wehen, müden Feierlichkeit erfüllt, der Ausklang ihrer toten Jugendliebe legte in ihr Gespräch einen tiefen, fast traurigen Ernst. –

Und seine dunkelmelodisch klingende Stimme vibrierte leise, wie er erzählte: »In Amerika drüben bekam ich die Nachricht, daß Sie sich verlobt hätten, zu einer Zeit, wo die Heirat wohl schon vollzogen war.«

Sie antwortete nichts darauf. Ihre Gedanken waren zehn Jahre weiter zurück.

Einige lange Minuten lastete ein schwüles Schweigen auf beiden.

Und dann fragte sie leise, fast lautlos:

»Was haben Sie damals von mir gedacht?«

Er blickte überrascht auf.

»Ich kann es Ihnen ja offen sagen, denn morgen fahre ich wieder meiner neuen Heimat zu. – Ich habe Ihnen nicht gezürnt, nicht Augenblicke voller wirrer, feindlicher Entschlüsse gehabt, denn das Leben hatte schon damals die farbige Lohe der Liebe zu einer glimmenden Flamme der Sympathie erkaltet. Ich habe Sie nicht verstanden, nur – bedauert.«

Eine leichte dunkelrote Stelle flog über ihre Wangen, und der Glanz ihrer Augen wurde intensiv, wie sie erregt ausrief:

»Mich bedauert! Ich wüßte nicht warum.«

»Weil ich an Ihren zukünftigen Gemahl dachte, den indolenten, immer erwerben wollenden Geldmenschen – widersprechen Sie mir nicht, ich will Ihren Mann, den ich immer geachtet habe, durchaus nicht beleidigen – und weil ich an Sie dachte, das Mädchen, wie ich es verlassen habe. Weil ich mir nicht das Bild denken konnte, wie Sie, die Einsame, Ideale, die für das Alltagsleben nur eine verächtliche Ironie gehabt, die ehrsame Frau eines gewöhnlichen Menschen werden konnten.«

»Und warum hätte ich ihn denn doch geheiratet, wenn dies alles sich so verhielte?«

»Ich wußte es nicht so genau. Vielleicht besaß er verborgene Vorzüge, die dem oberflächlichen Blicke entgehen und erst im intimen Verkehr zu leuchten beginnen. Und dies war mir dann des Rätsels leichte Lösung, denn eines konnte und wollte ich nicht glauben.«

»Das ist?«

»Daß Sie ihn um seiner Grafenkrone und seiner Millionen genommen hätten. Das war mir die einzige Unmöglichkeit.«

Es war, als hätte sie das letzte überhört, denn sie blickte mit vorgehaltenen Fingern, die im Sonnenlichte in blutdunklem Rosa wie eine Purpurmuschel erstrahlten, weit hinaus, weithin zum schleierumzogenen Horizonte, wo der Himmel sein blaßblaues Kleid in die dunkle Pracht der Wogen tauchte.

Auch er war in tiefen Gedanken verloren und hatte beinahe die letzten Worte vergessen, als sie plötzlich kaum vernehmlich, von ihm abgewendet sagte:

»Und doch ist es so gewesen.«

Er sah überrascht, fast erschreckt zu ihr hin, die in langsamer, offenbar künstlicher Ruhe sich wieder in ihren Sessel niedergelassen hatte und mit einer stillen Wehmut monoton und die Lippen kaum bewegend weitersprach:

»Ihr habt mich damals keiner verstanden, als ich noch das kleine Mädchen mit den verschüchterten Kinderworten war, auch Sie nicht, der Sie mir so nah standen. Ich selbst vielleicht auch nicht. Ich denke jetzt noch oft daran und begreife mich nicht, denn was wissen noch Frauen von ihren wundergläubigen Mädchenseelen, deren Träume wie zarte, schmale, weiße Blüten sind, die der erste Hauch der Wirklichkeit verweht? Und ich war nicht wie alle die anderen Mädchen, die von mannesmutigen, jugendkräftigen Helden träumten, die ihre suchende Sehnsucht zu

109

leuchtendem Glücke, ihr stilles Ahnen zum beseligenden Wissen machen sollten und ihnen die Erlösung bringen von dem ungewissen, unklaren, nicht zu fassenden und doch fühlbaren Leid, das seinen Schatten über ihre Mädchentage wirft, und immer dunkler und drohender und lastender wird. Das habe ich nie gekannt, auf anderen Traumeskähnen steuerte meine Seele dem verborgenen Hain der Zukunft zu, der hinter den hüllenden Nebeln der kommenden Tage lag. Meine Träume waren eigen. Ich träumte mich immer als ein Königskind, wie sie in den alten Märchenbüchern stehen, die mit funkelnden, strahlenschillernden Edelsteinen spielen, deren Hände sich im goldigen Glanz von Märchenschätzen versenken und deren wallende Kleider von unnennbaren Werten sind. – Ich träumte von Luxus und Pracht, weil ich beides liebte. Die Lust, wenn meine Hände über zitternde, leise singende Seide streifen durften, wenn meine Finger in den weichen, dunkelträumenden Daunen eines schweren Sammetstoffes wie im Schlafe liegen konnten! Ich war glücklich, wenn ich Schmuck an den schmalen Gliedern meiner von Freude zitternden Finger wie eine Kette tragen konnte, wenn weiße Steine aus der dichten Flut meines Haares wie Schaumperlen schimmerten, mein höchstes Ziel war es, in den weichen Sitzen eines eleganten Wagens zu ruhen. Ich war damals in einem Rausche von Kunstschönheit befangen, der mich mein wirkliches Leben verachten ließ. Ich haßte mich, wenn ich in meinen Alltagskleidern war, bescheiden und einfach wie eine

Nonne, und blieb oft tagelang zu Hause, weil ich
mich vor mir selbst in meiner Gewöhnlichkeit schäm-
te, ich versteckte mich in meinem engen, häßlichen
Zimmer, ich, deren schönster Traum es war, allein am
weiten Meere zu leben, in einem Eigentum, das präch-
tig ist und kunstvoll zugleich, in schattigen grünen
Laubengängen, wo nicht die Niedrigkeit des Werkel-
tags seine schmutzigen Krallen hinreckt, wo reicher
Friede ist – fast so wie hier. Denn was meine Träume
gewollt, hat mir mein Mann erfüllt, und eben weil er
dies vermochte, ist er mein Gemahl geworden.«

Sie ist verstummt, und ihr Gesicht ist von bacchantischer Schönheit umloht. Der Glanz in ihren Augen ist tief und drohend geworden, und das Rot der Wangen flammt immer heißer auf.

Es ist tiefe Stille.

Nur drunten der eintönige Rhythmus der glitzernden Wellen, die sich an die Stufen der Terrasse werfen, wie an eine geliebte Brust.

Da sagt er leise, wie zu sich selbst:

»Aber die Liebe?«

Sie hat es gehört. Ein leichtes Lächeln zieht über ihre Lippen.

»Haben Sie heute noch alle Ihre Ideale, *alle*, die Sie damals in die ferne Welt trugen? Sind Ihnen alle geblieben, unverletzt, oder sind Ihnen einige gestorben, dahingewelkt? Oder hat man sie Ihnen nicht am Ende gewaltsam aus der Brust gerissen und in den Kot geschleudert, wo die Tausende von Rädern, deren Wagen zum Lebensziele strebten, sie zermalmt haben? Oder haben Sie keine verloren?«

Er nickt trübe und schweigt.

Und plötzlich führt er ihre Hand zu den Lippen, küßt sie stumm. Dann sagt er mit herzlicher Stimme:

»Leben Sie wohl!«

Sie erwidert es ihm kräftig und ehrlich. Sie fühlt keine Scham, daß sie einem Menschen, dem sie durch Jahre fremd war, ihr tiefstes Geheimnis entschleiert und ihre Seele gezeigt. Lächelnd sieht sie ihm nach und denkt an die Worte, die er von der Liebe gesprochen, und die Vergangenheit stellt sich wieder mit leisen, unhörbaren Schritten zwischen sie und die Gegenwart. Und plötzlich denkt sie, daß *jener* ihr Leben hätte leiten können, und die Gedanken malen in Farben diesen bizarren Einfall aus.

Und langsam, langsam, ganz unmerklich, stirbt das Lächeln auf ihren träumenden Lippen...

Man kann eine Frau nicht hoch genug überschätzen.

Karl Kraus

Mascha Kaléko

Qualverwandtschaft

Neben mir geht eine feine Dame
unsichtbar tagein, tagaus spazieren.
Hat die wohlerzogensten Manieren.
Fräulein *Alter ego* ist ihr Name.
Sie erfüllt, was ich bisher versäumte
und was die Familie sich erträumte.

Während ich die Finger mir verbrenne,
faßt sie alles nur mit Handschuhn an.
Klug und weise folgt sie einem Plan,
wo ich Törin mir den Kopf einrenne.
Dem Als-ob konventioneller Sitten
untertan, ist sie stets wohlgelitten.

Mein Daheim ist bei den Heimatlosen.
Stürme rütteln oft an meinem Zelt.
Aber dornenfrei ist ihre Welt –
allerdings auch völlig frei von Rosen.
Und ich gönne meiner Qualverwandtschaft
ihre sanitäre Lebenslandschaft.

Lieber noch mit dornzerkratzten Händen
als mit manikürter Seele enden!

Joseph Roth

Reise mit einer schönen Frau

Eine schöne Dame betrat das Kupee, in dem ich saß und in Zeitungen blätterte. Sie sah die Zeitungen an, mich nicht, befahl dem Gepäckträger, einen großen, ledernen, silberbeschlagenen Koffer ins Gepäcknetz zu stellen, setzte sich und fand kein Kleingeld für den Träger. Es war ein langer Augenblick, ausgefüllt vom Schweigen des Gepäckträgers, der keine Zeit hatte. Man fühlte deutlich, wie leidenschaftlich der Mann nach einem Ausdruck der Ungeduld, der Eile und vielleicht auch der Erbitterung suchte. Da es ihm aber nicht anstand, ungeduldig und erbittert zu sein, strömte er ein Schweigen aus, das schärfer war als ein Fluch. In diesem Augenblick erfaßte mich ein Zorn gegen die schöne Dame. Sie zwang mich aus meiner durch die Lektüre aufregender Zeitungen noch vertieften Ruhe zu einer qualvollen Überlegung, wie dieser Situation ein schnelles und gefälliges Ende zu bereiten wäre. Andere Männer werden in solchen Situationen witzig, ihre Schlagfertigkeit gewinnt ihnen die Sympathie der Damen und der Gepäckträger. Ich aber war in Gefahr, wenn ich nicht bald handelte, von der einen verachtet, vom andern ausgelacht zu werden. Deshalb fragte ich: »Wieviel bekommen Sie?«, erhielt Auskunft, bezahlte den Träger, gab ihm ein Trinkgeld, das ihn zwang, lauter zu danken, als ich gewünscht hätte, und beschloß zu warten. Die Dame

suchte immer noch Kleingeld, fand einen großen Schein und fragte mich, ohne mich anzusehen, ob ich wechseln könne. »Nein!« sagte ich – und die Dame suchte weiter.

Ihre Verlegenheit mußte sehr groß sein; ich entschloß mich, Mitleid mit ihr zu haben, aber es kam nicht dazu, weil ich alles Mitgefühl für mich selbst verschwenden mußte. Sollte ich sagen: »Ich bin entzückt, eine so reizende Schuldnerin zu haben?« Welch ein Kompliment! War es nicht zudringlich, sie im

Suchen zu stören, und war es nicht allzu billig, auf einem so gewöhnlichen Wege eine Bekanntschaft zu schließen? Ich konnte der Dame nicht zusehen, ihre hastigen Bewegungen waren privater, ja intimer Natur, und ich durfte dem Inhalt und dem Unterfutter der Handtasche keinen Blick schenken.

Ich konnte aber auch nicht die Gleichgültigkeit aufbringen, die zu einer Fortsetzung meiner Lektüre nötig gewesen wäre. Ich sah also zum Fenster hinaus, sah große Reklametafeln, Wächterhäuschen, Rampen und Telegraphenstangen, obwohl mich die Natur wenig interessierte. Nach einer Viertelstunde fand die Dame Kleingeld, reichte es mir, sagte: »Danke!« und sah wie ich zum Fenster hinaus. Ich ergriff die Zeitung und las. Die schöne Dame erhob sich, reckte sich, streckte die Arme zum Gepäcknetz empor, konnte den Koffer nicht erreichen und sah aus wie eine Flehende. Ich war gezwungen aufzustehen, den übermäßig schweren Koffer herunterzuholen und mich zu benehmen, als machte mir das Gewicht des Koffers gar nichts aus, als wären meine Muskeln Stahl und Eisen und der lederne Koffer eine Flaumfeder. Ich mußte das Blut zurückhalten, das mir den Kopf rötete, den Schweiß, der mir auf die Stirn trat, unauffällig abwischen und mit einer eleganten Verbeugung »Bitte sehr!« sagen. Es gelang mir, die Dame schloß den Koffer auf, ließ ihm ein wenig Duft von Parfüm, Seife und Puder entströmen, nahm drei Bücher heraus und suchte offenbar nach einem vierten. Indessen saß ich bekümmert da, tat, als ob ich Zeitung läse, und dachte nach, wie ich den schweren Koffer wieder ins Gepäcknetz bringen würde. Denn es war kein Zweifel, daß ich verurteilt war, ihn wieder hinzulegen. Ich war verurteilt, einen Gegenstand, der zweifellos mehr wog als ich, mit eleganter Leichtigkeit wiederhochzuheben, ohne rot zu werden. Ich spannte im stillen meine Muskeln an, lud mich mit Energie und beruhigte mein erregtes Herz. Die Dame fand das vierte Buch, schloß den Koffer und versuchte, ihn aufzuheben.

Ihr Bemühen empörte mich. Warum tat sie so, als wüßte sie nicht, daß ich ihr die Arbeit abnehmen müßte? Warum bat sie nicht aufrichtig um die Hilfe, die mir die Sitte und beinahe das Gesetz zu leisten vorschrieben? Warum reiste sie überhaupt mit so einem schweren Koffer? Und wenn sie ihn schon führen mußte, warum packte sie die Bücher nicht in eine kleine Tasche? Warum mußte sie überhaupt lesen, da es doch feststand, daß es ihr gewiß angenehmer gewesen wäre, sofort mit mir zu sprechen, statt erst eine Stunde der Anstandslektüre verstreichen zu lassen? Warum war sie so schön, daß ihre Hilflosigkeit zehnmal größer erschien, als sie wirklich war? Und warum war die Dame überhaupt eine Dame und nicht lieber ein Herr, ein Boxer, ein Sportsmann, der seine Koffer mit großartiger Leichtigkeit hätte heben können? Meine Empörung half nicht, ich mußte aufstehen, »Erlauben Sie!« sagen und mit übermenschlicher Anstrengung den Koffer heben. Ich stand auf dem Sitz, der Koffer schwankte in meinen Händen, er konnte hinunterfallen und die schöne Dame zerschmettern.

Ich hätte zwar Unannehmlichkeiten, aber keine Gewissensbisse gehabt. Der Koffer lag wieder oben, und ich fiel ermattet in meinen Sitz.

Die Dame dankte und begann zu lesen. Von diesem Augenblick an überlegte ich, wie ich das Kupee und die Dame am besten verlassen könnte. Ich hätte jeden Mann beneidet, der das Glück gehabt hätte, der Reisegenosse einer so schönen Frau zu sein. Da ich es aber selbst war, beneidete ich mich nicht. Mit aufrichtiger Sorge dachte ich an die vielen brauchbaren Gegenstände, die noch im Koffer liegen mußten. Die Zeitung interessierte mich nicht mehr. Die Landschaft hatte meine ganz tiefe Abneigung. Zum Glück betrat ein Herr das Kupee, ein junger, sehr kühner, sicherlich Sport treibender Herr, der ohne Zweifel viel dümmer war als ich. Die Dame las nicht mehr. Nach einer Viertelstunde machte der Herr einen dummen Witz, und die schöne Frau lachte. Er war geistesgegenwärtig, schlagfertig, er konnte amüsant sein und wahrscheinlich auch einen Koffer heben. Er machte sich keine Sorgen, gewann das Herz der schönen Dame und triumphierte über mich. Ich dagegen gewann nur meine Ruhe wieder, sah mit Gleichmut den Koffer auf und nieder schweben, mein Herz klopfte nicht mehr, und ich verfolgte mit inniger Zuneigung die Bewegungen der schönen Frau und die Entwicklung des Abenteuers. Ich war glücklich, mit angenehmen Menschen zusammenzusitzen, die mich verwünschten und denen ich lästig war. Für solche Naturen wie mich ist das die beste Gesellschaft.

CARL DJERASSI

Noblesse Oblige

Sybil Stirling war nicht zu einer Prüfung aufgelegt, doch genau das stand ihr bevor. Arturo war der erste Mann, der zu ihr gezogen war, zumindest der erste, den sie ihren Eltern gegenüber erwähnt hatte. Hätte sie Arturo vorbereiten sollen? Ihr war es klüger erschienen, es nicht zu tun; er ging sonst womöglich in die Defensive, und zwar aggressiv.

»*Mi amor*«, hatte sie begonnen. Sie hatte nie das R rollen gelernt, doch sie wußte, daß er es mochte, von ihr, der wohlgeratenen Tochter einer wohlanständigen Familie, mit spanischen Koseworten bedacht zu werden. »Meine Eltern sind zu einem Bankiers-Kongreß hier. Ich habe Theaterkarten besorgt...«

»Für was?« Die Unterbrechung war typisch für Arturo Flores. Obwohl er aufgehört hatte, im Büro des Staatsanwalts zu arbeiten, benahm er sich gelegentlich noch immer wie ein Prozeßanwalt.

121

»*Bernarda Albas Haus*. Ich weiß, daß du Lorca magst. Es ist die Fassung von Tom Stoppard.«

Der junge Mann lächelte noch immer. »Werden deine Eltern es auch mögen?«

Sybil zuckte die Achseln. »Das wird sich herausstellen. Aber ich weiß, daß sie sich darauf freuen, dich kennenzulernen. Was hältst du davon, vorher im St. Honoré zu essen? Das war früher das Lieblingsrestaurant meines Vaters, bevor sie in den Osten gezogen sind. Das Lokal ist zwar ziemlich spießig, aber das Essen ist erstklassig.«

»Und total überteuert«, hatte Arturo hinzugefügt.

»Keine Angst, mein Vater übernimmt immer die Rechnung. Du weißt doch, daß er der Präsident der Bank ist. Bist du denn schon im St. Honoré gewesen?«

»Ich bin mal von jemand mitgenommen worden, der mir imponieren wollte.«

»Und hatte er Erfolg«, fragte sie kokett.

»Nein, das hatte sie nicht«, war alles, was er sagte.

Sybil Stirling besaß eine umfangreiche Garderobe, wie es sich für eine junge Architektin mit stattlichem Einkommen geziemte. Ein letzter prüfender Blick in ihren Ganzfigurspiegel überzeugte Sybil, daß dies die korrekte Kleidung für die Vermittlerrolle war, die sie zu spielen gedachte: nichts Auffälliges, nur untertriebene konservative Eleganz. Außerdem schien es genau das richtige Ensemble für das St. Honoré zu sein, bis hin zum Hermès-Tuch. Als sie das Schlafzimmer verließ, fragte sie sich, was Arturo wohl anhatte.

Da sie unbewußt ein für ein Vorstellungsgespräch geeignetes Komplet gewählt hatte, war sie auf das, was sie antraf, nicht gefaßt. In seinem champagnerfarbenen Leinenanzug, dem offenen weißen Seidenhemd und dem gelbbraunen Krawattenschal hätte er im Film die Rolle des feurigen südländischen Liebhabers übernehmen können.

»*Amor*, du siehst hinreißend aus…«, begann sie, weil es der Wahrheit entsprach. Er war drei Zentimeter kleiner als Sybil, aber sie liebte seinen straffen Körper und seinen federnden Gang, sein aggressives Selbstbewußtsein. Der sorgfältig gestutzte schwarze Bart gab ihm eine verführerisch dämonische Note.

»Aber?« Er ging mit seinem Boxerschritt auf sie zu und schob sanft die linke Hand unter ihr Kinn.

»Nichts aber, Arturo. Nur daß…«

»…das nicht das richtige ›Kohs-tühm‹ für das St. Honoré ist?«

Ihr Lachen war leicht gequält. »*Le costume* ist schon in Ordnung. Aber was ist mit *la cravate?*«

»*No te preocupas, muchacha*«, erwiderte er und küßte sie.

Mr. und Mrs. Alan B. Stirling III. saßen an einem Ecktisch mit Blick auf den Eingang. Man hatte ihnen den besten Platz im Restaurant angeboten: Sie sahen ganz genau wie das Publikum aus, auf das man im St. Honoré Wert legte. Mrs. Stirling trug ein klassisches schwarzes Chanel-Kostüm – ein echtes, gekauft bei Bonwit-Teller –, eine einreihige Perlenkette und sehr wenig Make-up. In jungen Jahren mußte sie eine auffallende Frau gewesen sein, und selbst jetzt, da sie auf die Sechzig zuging, war nichts Matronenhaftes an ihrem hohen, schlanken Wuchs, ihrer weichen Haut, ihrem hellbraunen Haar und den dicken geraden Augenbrauen, die ihren Augen einen orientalischen Anflug gaben.

Der Oberkellner beugte sich gerade eifrig über die tadellos nadelgestreifte Schulter ihres Mannes; er redete ihn mit Namen an. Alan Stirling erwartete zwar derartige Aufmerksamkeiten, freute sich aber trotzdem drüber. Der Gesichtsausdruck des Bankiers änderte sich jedoch merklich, als er Sybil erblickte, seine einzige Tochter, die – so kam es ihm jedenfalls vor – einen bärtigen Rudolph Valentino im Westentaschenformat überragte, der direkt auf ihren Tisch zusteuerte. Ein Kellner versuchte das junge Paar aufzuhalten, doch Arturo, den Arm unter Sybils Ellenbogen, führte sie geradezu im Tangoschritt an den Tisch, bevor der Kellner diesem besonders schamlosen Verletzer der Kleidervorschriften des Restaurants den Weg abschneiden konnte.

»Mrs. Stirling, ich bin Arturo Flores.«

Arturo konnte seinen Namen auf zweierlei Weise aussprechen: Dieses Mal entschied er sich für das besonders lange Rollen des R. »Ich habe mich sehr auf dieses Essen gefreut«, sagte er und küßte ihre Hand. Er ging um den völlig verblüfften Oberkellner herum und richtete das Wort an ihren Mann: »Es ist sehr freundlich von Ihnen, mit uns ins St. Honoré und ins Theater zu gehen. Ich hoffe, sie mögen Lorca.«

Der Kellner und der Oberkellner gaben sich stillschweigend geschlagen. Sybil war die einzige, die die Strategie, die damit verbunden war, die beiden Krawattenkontrolleure außer Gefecht zu setzen, und die subtile Ironie in Arturos Verhalten gegenüber ihren Eltern voll und ganz erfaßte. Arturo war weder der Typ, der Damen die Hand küßte, noch war er gewöhnlich älteren Männern gegenüber ehrerbietig, vor allem dann nicht, wenn er sich prüfenden anglo-amerikanischen Blicken ausgesetzt glaubte. Er hatte noch immer einen leichten Minderwertigkeitskomplex wegen seiner mexikanischen Abstammung, den weder vier Jahre an der Universität von Kalifornien noch die juristische Fakultät in Yale hatten beseitigen können. Arturo vergaß nie, daß er der einzige Flores in seiner engeren Familie war, der jemals studiert hatte.

Sybil wollte keinen Fechtkampf und war zu unabhängig, um die Billigung ihrer Eltern zu suchen. Sie war schon vor längerer Zeit zu dem Schluß gekommen, daß Arturo Flores ihr in jeder Hinsicht zusagte. Sie wußte, daß ihre Mutter ihr Urteil respektierte und sie bei jeglicher Wahl, die Männer betraf, unterstützen würde. Bei ihrem Vater war sie sich weniger sicher: Jeder neue Verehrer mußte verhört, getestet und eingeschätzt werden.

Diesmal gab es jedoch zwei Probleme, vor denen sie noch nie gestanden hatte. Arturo war zu ihr gezogen, nicht sie zu ihm. Würde ihr Vater vielleicht denken, daß dieser Mann auf Kosten der Tochter eines wohlhabenden Bankiers lebte? Das andere war sein Name. Ihr Vater behauptete, keine Vorurteile zu haben, und in seiner Bank hatte er das vermutlich auch nicht; dazu bestand ja wohl auch kaum Anlaß an der Spitze der steilen Pyramide, über die er herrschte. Aber eine potentielle »Sybil Flores«?

Mit der Speisekarte in der Hand wandte sich Stirling an Arturo: »Möchten Sie etwas trinken, bevor wir bestellen?« Er wandte sich an den Kellner: »Ich nehme einen Campari mit Soda«, fügte er hinzu, »und meine Frau ebenfalls.«

»Ich auch«, warf Sybil ein in der Hoffnung, daß Arturo den Wink verstehen würde.

Das war nicht der Fall. »Danke, für mich nicht.«

Dieser Punkt geht an Daddy, dachte Sybil, für die das Essen gewissermaßen zu einem Wettkampf geworden war. Er hatte sich größere Mühe gegeben.

Obwohl dies Arturos zweiter Besuch im St. Honoré war, erschrak er auch diesmal über die Preise auf der Speisekarte. Himmel, dachte er, es ist einfach obszön, so viel für eine Mahlzeit auszugeben. Aber *el Papa* kümmert das vermutlich nicht.

Die Frauen trafen ihre Wahl, und der Kellner wandte sich mit einer Verbeugung dem älteren Mann zu. Statt zu bestellen, sagte Alan Stirling zu Arturo: »Und was nehmen Sie, Mr. Flores?«

Ein schöner Zug, daß er ihn nicht Arturo nennt, dachte Sybil und erhöhte den Spielstand auf 2:0 zugunsten ihres Vaters.

126

Arturo hatte die Speisekarte mehr als soziologische Literatur studiert denn als Vorbereitung auf eine Wahl. Die pompöse Bezeichnung der einzelnen Speisen amüsierte ihn. Als er von seiner Speisekarte aufsah, merkte er, daß ihn zwei Augenpaare studierten. Der Kellner, dessen Bleistift über seinem Block wippte, rümpfte die Nase. Arturo war das egal; er war sicher, daß seine schlipslose Erscheinung der Grund dafür war. Dagegen erkannte er den Ausdruck in Alan Stirlings Gesicht auf Anhieb wieder: der Juraprofessor in Yale, der auf die Antwort auf eine knifflige Frage wartet.

»Ich nehme zunächst die Wildschweintopf-Terrine mit Pistazien an feinem Senfschaum«, begann er, wobei er jedes Wort langsam und deutlich vorlas. Sybil erstarrte; sie wußte genau, was das zu bedeuten hatte. »Danach nehme ich den Chicoréesalat« – er sprach das Wort übertrieben französisch aus, was ihm einen leichten Tritt unter dem Tisch eintrug –, »aber bringen Sie ihn mit dem Hauptgericht: Ich nehme den Rehrücken mit Rosenkohl.« Der Kellner hatte schon zur zweiten Verbeugung vor Alan Stirling angesetzt, als Arturo fortfuhr: »Haben Sie zufällig Maronenpüree? Maronen passen immer so gut zu Wild, finden Sie nicht auch, Mr. Stirling?« fragte er seinen Nachbarn und bemühte sich, einen erneuten Stupser unter dem Tisch zu ignorieren.

»Ich bin kein großer Freund von Wild«, erwiderte Sybils Vater mit ruhiger Stimme und bestellte Täubchen mit Trüffelbutter. Arturo treibt es zu arg, dachte

Sybil und notierte einen weiteren Punkt für ihren Vater.

Der Kellner wollte schon die Speisekarten einsammeln, als er von Stirlings fröhlicher Frage unterbrochen wurde: »Wer hat Lust, zum Dessert ein Soufflé mit mir zu essen? Wir sollten es lieber gleich bestellen, wenn wir rechtzeitig im Theater sein wollen.«

»Ich bestimmt nicht, Alan«, erwiderte seine Frau.

»Ich auch nicht, Daddy«, setzte Sybil hinzu. »Ich habe Süßspeisen aufgegeben. Aber Arturo schließt sich dir sicher an.«

Diesmal war die schuhlose Berührung unter dem Tisch keine Ermahnung, sondern eine Aufforderung. Arturo lächelte Sybil an. Er war bereit, den Wink zu verstehen, aber auf seine Weise. »Ich schließe mich Ihnen gerne an. An was für ein Soufflé hatten Sie denn gedacht, Sir?«

»Das überlasse ich Ihnen«, erwiderte ihr Vater.

»Was für Soufflés haben Sie?« erkundigte sich Arturo beim Kellner.

»Was immer sie wünschen«, erwiderte der Mann von oben herab. »Schokolade, Erdbeer, Grand Marnier, Maronen...«

Touché, dachte Sybil.

Arturo zögerte, als dächte er über die Auswahl nach. »Ist das alles?« fragte er. »Warum nehmen wir nicht ein Soufflé Harlequin? Was halten Sie davon, Sir?« sagte er zu Sybils Vater gewandt. Ohne ihm Gelegenheit zu einer Antwort zu geben, fuhr er fort: »Ich glaube, es wird Ihnen schmecken, Sir, vorausge-

setzt«, er sah zu dem perplexen Kellner auf, »Ihr Küchenchef macht ein gutes Harlequin.« Das letzte Wort
wurde mit solchem Elan, in so tadellosem Französisch
ausgesprochen, daß weitere Fragen des Kellners im
Keime erstickt wurden, und der Mann sich wortlos
zurückzog.

Sybil wußte nicht, ob sie lachen oder ihren Schuh
anziehen sollte, um besser treten zu können. Die Entscheidung wurde ihr von ihrem Vater abgenommen.

»Was ist ein Soufflé Harlequin?« fragte er mit echter Wißbegierde.

Arturo erkannte seinen Vorteil und beschloß, es
nicht zu weit zu treiben. »Es ist leicht zu beschreiben,
aber schwer zuzubereiten. Die eine Hälfte ist Grand
Marnier und die andere Schokolade. Der Trick dabei
ist, die beiden nicht ineinanderlaufen zu lassen. Es
sieht aus wie ein Harlequinkostüm, zwei deutlich
voneinander getrennte Farben. Und die beiden Geschmacksrichtungen ergänzen sich gegenseitig. Es
wird Ihnen bestimmt schmecken, Sir.« Trotz zu vieler
»Sirs« erhöhte Sybil den Spielstand auf 3:1.

Alan Stirling lenkte die Aufmerksamkeit des weiter
weg stehenden Oberkellners auf sich. »Den Wein wird
der Herr hier auswählen«, sagte er, als der Mann an
ihrem Tisch ankam. »Wären Sie wohl so gut?«

Das Gespräch verstummte, während Arturo die
Weinkarte studierte. Die Stille wurde drückend.
Komm schon, *amor*, flehte Sybil im stillen, mach's
nicht so spannend. Arturo fand, daß zwei Weine erforderlich waren, um seinen önologischen Sachver-

stand unter Beweis zu stellen. Der Preis spielt ja keine Rolle, dachte er, schließlich zahlt Sybils Vater. Während er langsam die Seiten umblätterte, war er sich des prüfenden Blickes des Vaters und der herablassenden Nachsicht des Oberkellners voll bewußt. Arturo war zunächst geneigt, kalifornische Weine zu bestellen, doch dann entschied er sich für einen geopolitischen Kompromiß.

»Wir beginnen mit dem Chalone Chardonnay, der 79er Private Reserve.« Im stillen schauderte ihn bei dem Preis. Chalone gehörte zu den kalifornischen Weinkellereien der Spitzenklasse, was besondere Chardonnays betraf, aber der Preis war trotzdem unverschämt. »Zum Hauptgang bringen Sie uns eine Flasche 82er Château Palmer. Und machen Sie sie gleich auf; der Wein sollte einige Zeit atmen können.«

Sybil setzte den Punktestand auf 3:2 fest. Sie hatte alle Nuancen dieser Vorstellung mitbekommen, bis auf zwei: Ihr war weder der wahnwitzige Preis des Palmer bekannt noch die Tatsache, daß 1982 eines der besten Bordeaux-Jahre war.

Die nächste Stunde ließ Sybil alle Befürchtungen vergessen. Sie hatte Arturo stets als vorzüglichen Gesellschafter gekannt, und er enttäuschte sie auch heute nicht. Während des Essens wurde ersichtlich, daß ihr Vater beeindruckt war. Mr. Stirling zuckte mit keiner Wimper, als er erfuhr, daß Arturo Flores nicht etwa in einer renommierten Kanzlei die Leiter zum Unternehmens-Justitiar emporstrebte, sondern Sozius in einer Anwaltspraxis war, die sich auf die

Probleme von Landarbeitern, Wanderarbeitern, politischen Immigranten aus Mittelamerika und dergleichen spezialisierte. Sybil war nicht sicher, wer diese Runde gewonnen hatte, aber da sie ihre Entscheidung nicht öffentlich rechtfertigen mußte, glich sie den Punktestand aus.

»Schaut mal«, rief ihr Vater. »Ich glaube, das ist für uns.«

Als Sybil und Arturo sich umdrehten, sahen sie, wie ein Küchenchef mit weißer Mütze, gefolgt von einer Entourage, bestehend aus Oberkellner, Kellner und Hilfskellner, sich dem Tisch mit einem Soufflé näherte, das auf zwei steifen gestärkten Servietten ruhte. »Ihr Soufflé Harlequin, Mr. Stirling«, verkündete der

Küchenchef feierlich, während er Sybils Vater das Dessert zur Begutachtung präsentierte. »Sie sind erst der zweite Gast, der das in den fünf Jahren, die ich im St. Honoré bin, bestellt hat.«

»Es sieht wunderbar aus«, erwiderte Stirling, »aber Sie sollten es Mr. Flores zeigen. Er ist derjenige, der es ausgesucht hat.«

Der Küchenchef drehte sich zu dem jüngeren Mann um, den er bisher keines Blickes gewürdigt hatte. Er starrte auf Arturos offenes Hemd.

»Es sieht perfekt aus«, bemerkte Arturo. »Das Baur-au-Lac hätte es nicht besser machen können. Mal sehen, ob es auch so gut schmeckt, wie es aussieht.«

»Das Baur-au-Lac?« Alan Stirling und der Küchenchef hatten die Worte gleichzeitig ausgesprochen. Sybils Vater brach in Gelächter aus, aber für den Küchenchef war dieser Name offensichtlich ein geheimnisvolles Kennwort.

»Also darum haben Sie Soufflé Harlequin bestellt, Sir. Ich hätte es mir eigentlich denken können. Dort habe ich nämlich gelernt, wie es gemacht wird.« Es war die erste freundliche Bemerkung, die ein Angestellter des St. Honoré an Arturo gerichtet hatte. Auf Sybils heimlicher Punktetabelle war Arturo endlich in Führung gegangen.

»Wo ist das Baur-au-Lac?« Diesmal sprachen Mr. und Mrs. Stirling zur gleichen Zeit, und ausnahmsweise erschallte einmal ungebührlich lautes Lachen in der gedämpften Atmosphäre des Restaurants.

»Das ist ein Hotel in Zürich. Soufflé Harlequin ist dort die Dessert-Spezialität«, verkündete Arturo.

Sybil versuchte erst gar nicht, ihre Überraschung zu verbergen. »*Amor*, woher um alles in der Welt weißt du das?«

Arturo genoß die Aufmerksamkeit; er hatte den Blick erhascht, den die Stirlings gewechselt hatten, als sie Sybils *amor* vernahmen. »*Chulita*, es gibt eben Dinge über mich, die du nicht weißt. Eines davon ist das Baur-au-Lac.«

Nach dem Kaffee legte der Kellner – bezüglich der Person des Gastgebers inzwischen völlig verwirrt – die Rechnung diskret auf neutrales Gebiet in der Mitte des Tisches. Fast zehn Minuten vergingen in angeregtem Gespräch, ohne daß einer der beiden Männer auch nur die Hand danach ausstreckte. Allmählich begann sich Arturo Sorgen zu machen: Warum hatte Sybils Vater die Rechnung nicht an sich genommen?

Seine Nervosität legte sich auch nicht, als Sybil zu ihrer Mutter sagte: »Ich bin froh, daß du und Daddy mit uns essen gegangen seid. Aber wir sollten lieber noch in den Waschraum gehen, bevor wir aufbrechen. Im Theater ist bestimmt eine lange Schlange.«

Madre mia, dachte Arturo. Bleibt die Rechnung etwa an mir hängen? Ein schneller Überschlag machte ihm klar, daß sich allein das Essen auf über dreihundert Dollar belief, und das ohne die Getränke und das Trinkgeld. Er wußte ganz genau, wieviel der Chalone und der Palmer kosteten – und zwar als einziger von den vieren. Langsam dämmerte es ihm, daß er womöglich auf dem teuersten Essen seines Lebens sitzenblieb.

Seine Berechnungen wurden unterbrochen, als sich Sybils Vater von seinem Stuhl erhob. »Arturo«, sagte er – der junge Mann war derart mit Geld beschäftigt, daß ihm diese Geste der Intimität, der Einbeziehung in die Familie entging –, »ich will nur noch die Toilette aufsuchen, bevor wir ins Theater gehen.«

Sobald Stirling gegangen war, sah sich Arturo verstohlen um. Ohne den Kopf zu bewegen, hob er das Blatt Papier, das mit der Vorderseite nach unten im Niemandsland lag, leicht an, so wie ein Pokerspieler die letzte ausgegebene Karte prüft, und ließ es schaudernd wieder fallen. Ach, zum Teufel, dachte er, ich kann *el padre* ja mal testen. Rasch stellte er einen Scheck über 695,76 Dollar aus. Vor lauter Aufregung verrechnete er sich sogar beim Trinkgeld, obwohl er Zeit hatte sich zu fragen, woher wohl die merkwürdigen sechsundsiebzig Cents kamen. Er winkte dem Kellner, der die Szene aus der Ferne beobachtete. »Hier ist ein Scheck«, sagte Arturo mit ungewohnt einschmeichelnder Stimme, »aber sagen Sie nichts davon, daß ich das Essen schon bezahlt habe.«

Der Kellner nickte, ohne den gefalteten Scheck auch nur anzusehen. Wenn Arturo nicht so sehr mit sich selbst beschäftigt gewesen wäre, hätte er das leise Lächeln vielleicht bemerkt. Aber er hätte nie den Grund dafür erraten. Drei Minuten zuvor hatte der Kellner, gleich hinter der Tür zum Restaurant, von

Alan Stirling sieben knisternde Einhundert-Dollar-Noten entgegengenommen, verbunden mit der Anweisung: »Der Rest ist für Sie, aber sagen Sie nichts davon, daß ich die Rechnung bezahlt habe.«

Arturo Flores war kein geiziger Mensch. Im Rahmen der ziemlich engen Grenzen seines Einkommens konnte man ihn sogar großzügig nennen. Aber knapp 700 Dollar für ein Essen auszugeben, bedrückte ihn. Einige seiner Klienten verdienten das nicht einmal im Monat. Als Sybil mit ihrer Mutter zurückkam, war sie überrascht, einen düsteren Arturo vorzufinden, der, das Kinn in die Hand gestützt, ins Leere starrte. Soweit sie feststellen konnte, war die auf dem Tisch liegende Rechnung nicht angerührt worden. Kurz darauf gesellte sich ihr Vater wieder zu ihnen und verblüffte alle prompt mit einem Witz. Sybil war verwirrt. Ihr Vater war nicht der Typ, der Witze erzählte. Wollte er Arturo auf diese Weise seine Befangenheit nehmen? Wenn dem so war, dann hatte das Verhalten ihres Vaters die entgegengesetzte Wirkung: Arturos Lachen klang eindeutig gequält. Unterdessen schien die Rechnung mit der Vorderseite nach unten auf das Tablett geklebt zu sein, auf dem sie ruhte, als wäre sie für beide Männer unsichtbar. Sybil schaute auf die Uhr. In einer Minute mußten sie ins Theater aufbrechen. Ein Blick auf ihre Mutter zeigte ihr, daß auch sie die einsame, unberührte Rechnung bemerkt hatte.

Plötzlich wandte sich Arturo an ihre Eltern: »Das Theater liegt nur zehn Minuten von hier, und es geht immer bergab. Wenn Sie zu Fuß gehen möchten, sollten wir uns lieber auf den Weg machen.«

»Eine erstklassige Idee«, rief der Vater aus. »Ein Verdauungsspaziergang ist genau das Richtige nach dem Soufflé. Marian läuft sehr gerne, also gehen wir.« Seine Frau starrte auf die Rechnung und dann auf ihre Tochter, die den fragenden Blick mit einer diskreten Bewegung in Richtung auf den Stein des Anstoßes erwiderte, der nun einsam auf dem Tisch lag.

Arturo trat hinter Sybils Stuhl. »Gehen wir«, sagte er mit vernehmbarer Ungeduld. Marian Stirling, sichtlich irritiert, griff nach der Rechnung, doch der Kellner hinderte sie daran. »Gestatten Sie, gnädige Frau«, sagte er und nahm ihr geschickt das gefaltete Blatt Papier aus der Hand, »das Essen geht auf Kosten des Hauses.« An Arturo gewandt setzte er hinzu: »Sie tragen da einen sehr eleganten Krawattenschal, Sir.«

CHARLES SCHUMANN

Damen-Drinks

Hot Marie

2 cl Brandy,
2 cl Rum braun,
1 cl Tia Maria,
1 Tasse heißer Kaffee,
Zucker

Im feuerfesten Glas Spirituosen erhitzen, mit heißem Kaffee auffüllen. (Zuckern nach Belieben.)

Shirley Temple

Seven up,
Ginger Ale,
Dash Grenadine

In Longdrinkglas eine halbe Flasche Seven up und eine halbe Flasche Ginger Ale auf Eiswürfel gießen, Dash Grenadine, umrühren.

Black Widow

Saft einer halben Limette,
1 Barlöffel Puderzucker,
1 cl Southern Comfort,
3 el Rum golden

Im Shaker auf Eis-   würfeln kräftig schütteln, in Sourglas abseihen.

Brigitte Bardot

2 cl Sahne,
1 Eigelb,
1 cl Zuckersirup,
2 cl Brandy,
1 cl Bourbon

Im Shaker auf Eiswürfeln schütteln. In Cocktailschale abseihen.

Virgin Mary

12 cl Tomatensaft,
Dashes Zitronensaft,
Selleriesalz,
Worcestershire Sauce,
grober Pfeffer,
Tabasco,
Stangensellerie

In großes Becherglas auf Eiswürfel Tomatensaft gießen. Würzen und verrühren. Stangensellerie dazugeben. (Kann auch im Shaker zubereitet werden.)

Strawberry Margarita

2 große Erdbeeren,
Saft einer viertel Limette,
1 Barlöffel Puderzucker,
5 cl Tequila,
Dashes Erdbeersirup

Im Elektromixer auf crushed ice zubereiten, in Cocktailschale oder Becherglas füllen.

Latin Lover

1 – 2 cl Zitronensaft,
2 cl Rose's Lime Juice,
4 – 6 cl Ananassaft,
2 cl Cachaça,
1 cl Tequila,
Ananas

Im Shaker auf crushed ice kräftig schütteln. In großes Becherglas auf crushed ice abseihen. Ananasstück dazugeben.

Mancher Mann verdankt seinen Erfolg einer Frau, die ihm ständig zur Seite gestanden hat. Noch mehr Männer verdanken ihn aber einer Frau, die sie ständig in die Seite getreten hat.

Harriet Bowles

Quellennachweis

BENITO MUSSOLINI: Warnung an die moderne Frau, in: Der Querschnitt, Frankfurt am Main/Berlin 1981. Mit freundlicher Genehmigung des Propyläen-Verlages, Berlin.

WOLF UECKER: Grace Kelly – die kühle Artischocke, in: Das Püree in der Kniekehle der Geliebten, München 1989. Mit freundlicher Genehmigung des Droemer Knaur Verlages, München.

BERND FRITZ: Die klassische Anmache, in: Frankfurter Allgemeine Zeitung-Magazin 717 vom 26. 11. 93, Frankfurt am Main 1993. Mit freundlicher Genehmigung der Frankfurter Allgemeinen Zeitung und des Autors.

DOROTHY PARKER: Der Lohn für die Lady, in: Der Rabe Nr. 25, Magazin für jede Art von Literatur, Zürich 1989. Mit freundlicher Genehmigung des Haffmans Verlages AG, Zürich.

E. W. HEINE: Die Maharani, in: An Bord der Titanic, München 1993. Mit freundlicher Genehmigung des Albrecht Knaus Verlages GmbH, München.

KURT TUCHOLSKY: Sehnsucht nach der Sehnsucht, in: Gesammelte Werke, Reinbek 1960. Mit freundlicher Genehmigung des Rowohlt Verlages GmbH, Reinbek.

PETER ALTENBERG: Don Juan, in: Ausgewählte Werke in 2 Bänden, München 1979.

BERNHARD LASSAHN: Rolltreppenfahren, in: Du hast noch ein Jahr Garantie, Zürich 1986. Mit freundlicher Genehmigung des Diogenes Verlages AG, Zürich.

NATALIE BABBITT: Eine überaus hübsche Dame, in: Das Gebetbuch des Teufels, München 1994. Mit freundlicher Genehmigung des Carl Hanser Verlages, München/Wien.

ROBERT GERNHARDT: Geständnis, in: Körper in Cafés, Zürich 1987. Mit freundlicher Genehmigung des Haffmans Verlages AG, Zürich.

ELFRIEDE HAMMERL: Die wahre Liebe, in: Probier es aus, Baby, nf 12376, Reinbek 1988. Mit freundlicher Genehmigung des Rowohlt Taschenbuchverlages GmbH, Hamburg.

FRANZISKA ZU REVENTLOW: Eine irdische Frau*, in: Von Paul zu Pedro, München 1994. Mit freundlicher Genehmigung des Wilhelm Goldmann Verlages GmbH, München.

STEFAN ZWEIG: Vergessene Träume, in: Verwirrung der Gefühle, Frankfurt am Main 1983. Mit freundlicher Genehmigung des S. Fischer Verlages GmbH, Frankfurt am Main.

MASCHA KALÉKO: Qualverwandtschaft, in: Das himmelgraue Poesiealbum der Mascha Kaléko, Berlin 1968. Mit freundlicher Genehmigung des Hunzinger Bühnenverlages GmbH, Bad Homburg v. d. H.

JOSEPH ROTH: Reise mit einer schönen Frau, in: Die zweite Liebe, Köln 1993. Mit freundlicher Genehmigung des Verlages Kiepenheuer & Witsch, Köln, und Verlag Allert de Lange, Amsterdam.

CARL DJERASSI: Noblesse Oblige, in: Der Futurist und andere Geschichten, Zürich 1991. Mit freundlicher Genehmigung des Haffmans Verlages AG, Zürich

CHARLES SCHUMANN: Damen-Drinks*, in: American Bar, Wilhelm Heyne Verlag, München 1991.

---

* Titelformulierung der Herausgeber

Das kleine Buch

Die Reihe liebenswerter Geschenkbücher für den besonderen Anlaß: als Dankeschön, als Aufmerksamkeit, als Kompliment, zur Erinnerung...

In gleicher Ausstattung sind folgende Bände lieferbar:

Das kleine Buch

... für Freunde selbstbewußter Katzen

... für den genialen Computerfreak

... für das glückliche Geburtstagskind

... für den passionierten Gärtner

... für die wunderbare Großmutter

... für den unverdrossenen Raucher

... für den begeisterten Radfahrer

... für frischgebackene Eltern

... für liebenswerte Nachbarn

... für alle, die bald wieder gesund sind

... für die liebste aller Mütter

... für lebenslange Flitterwochen

... für den unentbehrlichen Großvater

... für einen zufriedenen Ruhestand

... für den perfekten Gastgeber

... als Dankeschön

... für Freunde charaktervoller Hunde

Das kleine Buch

... für den besten Vater, den es gibt

... für den jungen Vierziger

... für die besonders liebe Kollegin

... für meine einzigartige Schwiegermutter

... für den Weinkenner

... für den wahren Lebenskünstler

... für den herzhaften Westfalen

... für den zünftigen Bayern

... für die rheinische Frohnatur

... für alle, die Sylt lieben

... für alle, die Österreich lieben

... für alle, die Italien lieben

... für den hellen Sachsen

... für den fleißigen Schwaben

... für den echten Hessen

... für alle, die München lieben

... für den Berliner mit Herz und Schnauze

... für alle, die Hamburg lieben

... für ein frohes Weihnachtsfest

Wilhelm Heyne Verlag München